KB161341

적소적재

적소적재

공정한 한국사회를 위한
직무주의 HR 이론과 실천전략

초판 1쇄 인쇄 2021년 12월 13일
초판 1쇄 발행 2021년 12월 20일

지은이 유규창, 이혜정
펴낸이 최익성

책임편집 이승희
편집 이유림

마케팅 총괄 임동건
마케팅 임주성, 홍국주, 김아름, 신현아, 김다혜
마케팅 지원 황예지, 신원기, 박주현, 이혜연, 김미나, 이현아, 안보라
경영지원 임정혁, 이순미
펴낸곳 플랜비디자인
디자인 바이텍스트

출판등록 제2016-000001호
주소 경기도 화성시 첨단산업1로 27 동탄IX타워
전화 031-8050-0508
팩스 02-2179-8994
이메일 planbdesigncompany@gmail.com

ISBN 979-11-6832-005-5 03320

적(適)소(所)적(適)재(材)

유규창 · 이혜정 지음

공정한 한국사회를 위한 직무주의 HR 이론과 실천전략

PlanB DESIGN 플랜비디자인

목차

2부 적소적재의 기본 개념

3부 적소적재의 구현

4부 적소적재의 미래

適所適材

서문

자리가 사람을 만들까

속담에 자리가 사람을 만든다는 말이 있다. 중요한 자리에 앉으면 처음에는 어울릴 것 같지 않던 사람도 시간이 지나면서 그럴듯하게 변한다는 뜻이다. 이 속담의 이면에는 자리를 경험하면서 역량이 커지고 시야가 넓어지며 성장한다는 의미도 있지만, 누굴 앉혀도 크게 상관없이 잘해낼 수 있다는 의미도 담겨 있다. 전자야 그럴 것 같기도 한데, 후자도 과연 그럴까? 이 책의 문제의식은 여기서 시작된다.

정부 기관이나 공기업, 심지어 일반 기업에서도 자리를 너무 가볍게 보는 경향이 있다. 겉으로는 "인사가 만사다"라고 외치면서 실제로는 누가 봐도 역량과 실력이 안 되는 사람들로 중요한 자리가 채워지는 것을 너무도 많이 봐왔다. 어느 정부라고 말할 것도 없이 정권이 바뀔 때마다 낙하산 인사에 대한 비판이 끊이질 않는다. 일반 기업에서도 채용 비리가 심심치 않게 뉴스에 나올 정도로 우리 사회에는 연고에 의한 정실인사(情實人事)가 만연해 있다.

자리가 사람을 만드는 조직은 슬픈 조직이다. 자리는 사람을 만들지 않는다. 자리에 적합한 사람이 필요할 뿐이다. 이처럼 사람만 좋으면 된다는 우리의 인사관리 관점이 바뀌지 않는 한 기술로는 선진국이 될 수 있을지 몰라도 진정한 선진 사회로 가는 길은 요원하다.

적재적소 Vs. 적소적재

인사관리 접근법을 단순화하면 '적재적소 접근법'과 '적소적재 접근법' 두 가지로 나눌 수 있다. 같은 말 같지만 어디서 출발하는가에 따라 엄청나게 다른 결과를 초래한다.

'적재적소 접근법'은 다른 말로는 '속인주의 인사관리'라고 한다. 적합한 사람을 먼저 고민한 다음 그 사람을 어디에 쓸지 결정하는 방식이다. 반대로 적소적재 접근법은 다른 말로 '직무주의 인사관리'라고 한다. 필요한 일이 무엇인지 먼저 분석한 후에 그 일에 맞는 사람을 찾는다. 이 책에서는 이제까지 우리 사회의 만연한 문제들이 자리가 사람을 만든다는 그릇된 관념인 적재적소 속인주의 인사관리에서 비롯되었다고 보아 그 대안으로 적소적재 직무주의 인사관리를 도입할 것을 제안한다.

적재적소 속인주의 인사관리는 사람을 먼저 생각하기 때문에 사람들이 가지고 있는 다양한 면을 고려한다. 예를 들어, 회사에서 사람을 뽑고자 할 때 면접관들은 지원자들의 자질이나 태도 혹은 인간관계나 출신 등을 따진다. 그 사람이 어느 대학을 졸업했으며, 학점은 얼마나 되는지, 외모는 어떤지, 인간관계는 좋은지 등을 살펴본다. 나아가 영어 실력은 좋은지, 신체는 건강한지, 회사에 충성은 다할지를 살피는 것도 중요하다. 때로는 어느 지역 출신인지, 회사의 실력자와 관계가 있는지 혹은 우리 사회의 유력인사와 관계가 있는지까지 고려한다. 지원자는 두루두루 다 갖추는 것이 좋다.

이 방식이 왜 나쁘냐고 반문할 수도 있지만, 실제로 부작용이 만만치 않다. 경쟁이 치열한 대기업에 취업하려면 한두 가지 경력(스펙)으로는 어림도 없다. 학력, 학벌, 학점은 기본이고, 해외연수, 봉사활동, 동아리 활동도 필요하다. 대학 수능 성적 순위가 곧 입사 가능 순위와 같다. 활동 내역에는 리더십도 담겨 있어야 한다. 심지어 외모도 중요하게 작용한다. 증명사진마저도 포토샵 등을 이용해 더 멋지게 보이게 노력한다. 신체적인 결함이 조금이라도 있으면 1차 관문을 통과하기가 어렵다.

여러 관문을 통과해 입사하면 적재적소 속인주의 인사관리의 대표상품인 연공서열형 보상과 승진이 기다린다. 일단 채용이라는 관문을 통과하면 우리는 하나가 된다. 집단주의 문화 속에 잘 묻어가면 정년까지 보장된다. 시간이 지나면 자동으로 호봉이 쌓이고 승진도 한다. 조직 생활에서 제일 중요한 것은 관계다. 튀지 말아야 한다. 쓸데없이 창의적인 아이디어라도 냈다가는 상사에게 혼나기 십상이다. 아마도 이런 상황에서는 자리가 사람을 만든다는 말도 크게 틀리지는 않을 것이다.

하지만 이런 조직은 건강한 조직이라고 보기 어렵다. 다들 겉으로 내색은 안 하거나 못 하지만 모든 계층에서 불만이 누적된다. 더구나 사회가 부유해지고 성숙해질수록 억눌렸던 불만이 터져 나온다. 지금 우리 사회가 그렇다. MZ세대(1980년~2000년대 초반 출생한 세대)는 신세대답게 공식적으로 불만을 표출하기도 한다. 조금 과장하면 신입사원부터 말년 선임까지 속인주의 인사관리 속에서 회사 생활을 하는 모두가 불행하다. 사례를 살펴보자.

사례 1

신입사원 3개월 차. 대학에서 경영학을 전공했고 전략 분야에 관심이 많아 관련 동아리에 가입했고, 열심히 활동해서 공모전에서 상도 탔다. 대기업 신입사원으로 입사하면서 꿈에 그리던 직장에 취업했고 주변의 부러움을 샀다. 관심이 있는 전략 분야에 지원했으나 정작 영업 부서에 배치되었다. 전혀 적성에 맞지 않아 이직을 심각하게 고려하고 있다.

사례 2

직장 3년 차. 안정된 직장에 취업했다. 지금은 결혼까지 생각하고 있는 남자 친구가 있다. 오늘은 크리스마스이브. 슬슬 퇴근하려고 준비하는데 갑자기 팀장이 상무의 지시라며 내일 아침까지 보고서를 작성하라고 한다(아직도 이런 직장상사가 있다!).

사례 3

직장 10년 차. 열심히 성실하게 직장생활을 해왔다. 그 덕분인지 핵심인재로 인정받고 있고, 팀장의 총애를 한몸에 받아 동료들도 시기할 정도다. 하지만 팀장이 모든 중요한 일은 자신에게 맡겨서 자정 전에 퇴근해본 적이 없다. 맞벌이 부부라 부모님께 맡겨둔 사랑스러운 아이 얼굴을 깨어 있을 때 본 지가 언제인지 기억도 없다.

사례 4

직장 20년 차. 한때 핵심인재로 인정받은 적도 있었다. 그런데 일에 치이다 보니 교육 기회가 있어도 참석하기 힘들었다. 어느 날 정신을 차려보니 동료들보다 뒤처진 자신을 발견했다. 이러다 직장에서 천덕꾸러기로 전락할 것 같다. 더 늦기 전에 퇴사를 고려 중이다. 근무시간 중에는 사업 아이템이나 귀농 정보를 알아보느라 정신이 없다.

사례 5

직장 30년 차. 주변에서는 대기업에 다닌다고 부러워한다. 한때 전 세계를 누비면서 해외 영업 분야에서 실적도 많이 냈다. 회사에서 시키는 대로 이것저것 맡아 열심히 많은 일을 해냈다. 그런데 막상 50대가 넘으니 그동안 수박 겉핥기식으로만 일했다는 생각이 들고 뭐 하나 제대로 아는 전문 분야가 없다. 정년까지 아직 5년이나 남았는데 회사에서는 퇴사하라고 압력을 가하고 있다. 그래도 어떻게든 버틸 작정이다.

적재적소 속인주의의 시대적 소명은 여기까지

이제 적재적소 속인주의 인사관리 접근법은 우리 사회에서 그 시대적 소명을 다한 것 같다. 속인주의 인사관리는 한강의 기적이라는 자랑스러운 경제 성장에 이바지했다. 근면하고 성실한 근로자들의 협동심과 희생정신 그리고 리더들의 솔선수범을 통해서 집단의 힘을 발휘하도록 만들었다. 그 대가는 경제적 부유함이었다.

그러나 그때는 맞고 지금은 틀리다. 우리 사회는 OECD 경제 대국이 되었다. 초등학교 시절의 교재로는 대학을 다닐 수 없다. 몸이 커지면 이에 맞게 옷을 새로 골라야 한다. 지난 20년간 삼성전자를 초일류기업으로 만드는 데 주도적 역할을 했던 권오현 부회장의 관찰도 크게 다르지 않다.

"변화의 방향에 대해 거대한 슬로건으로 이야기하는 것보다 당장 바꾸어야 할 구체적인 항목을 적시하는 것이 더 효과적일 것입니다. 경영에 몸담았던 저는 우선 우리의 인사 시스템, 평가 시스템, 그리고 훈련 교육 시스템이 시급히 바뀌어야 할 과제라고 생각합니다. 지금 우리가 시행하고 있는 인사, 평가, 그리고 훈련 교육 시스템은 모두 1970~1980년대 산업화 시대 유물의 연장선상에 놓여 있는 것들입니다. 그 시대에는 평균적으로 우수한 인재를 많이 선발해서 교육시켜 놓으면, 그 사람들이 회사에서 열심히 노력해서 다수가 먹고사는 문제를 해결하게 했습니다. (…) 그런 옛 시대의 시스템들은 다른 선발 주자들이 이미 이루어낸 것을 따라가기만 하면 되었던 시절에는 어느 정도 작동했습니다. 그런데 이제 그런 낡은 시스템으로는 미래를 따라잡을 수 없는 시대가 펼쳐지고 있습니다."

-권오현, 『초격차』 중에서

속인주의 인사관리는 남들이 만들어놓은 길을 빠르게 쫓아가는 추종자전략(fast follower strategy)에는 적합했다. 그러나 이제는 깊은 전문성을 가진 인재들의 자발적 창의성에 의한 선도전략(first mover strategy)이 필요한 시점이다. 이미 우리의 과학기술 역량은 세계 최고 수준이다. 특히 응용력에서는 더욱 그렇다. 반면 기반 기술의 전문성에서는 약점이 있다. 기반 기술은 응용기술과 달리 한 분야에서 꾸준하게 오랫동안 매진해야 결과가 나온다. 서두르기만 해서는 기반 기술의 전문성을 축적할 수 없다. 인사관리가 전문성, 창의성, 자발성을 촉진해야 하나 오히려 방해 요소가 되고 있다.

적소적재의 직무주의로 전환

이제 '적소적재의 직무주의 인사관리'가 필요하다. 이미 많은 기업이 직무주의 인사관리를 도입하기 시작했고, 삼성전자, SK그룹, 현대자동차 등 한국의 대표 기업들도 직무주의로 전환을 시도하고 있다. 정부에서도 직무급을 포함한 직무주의 인사관리를 국정의 주요과제로 삼고 있다. 정권이 바뀌어도 이러한 정책 기조는 지속될 것으로 보인다. 2020년 말에는 경제사회노동위원회에서 공공기관에 직무급을 도입하기로 노사정(노동자, 사용자, 정부)이 합의했다. 2021년부터는 기획재정부에서 매년 실시하는 공기업의 평가에서 직무급을 얼마나 도입하고 있는지가 중요한 평가 기준이 된다.

이처럼 트렌드는 변화하고 있는데, 적소적재 직무주의 인사관리에 대한 이해는 많이 부족한 형편이다. 적소적재 직무주의 인사관리는 제도인 동시에 관점이며 일을 대하는 철학이기도 하다. 적소적재 직무주의 인사관리에서는 적재적소 속인주의와 달리 일을 먼저 고민한다. 예를 들어, 어떤 사람이 작은 가게를 열려고 한다고 가정해보자. 혼자 가게를 꾸려가기 어려우니 직원을 채용해야 한다. 이 경우에 속인주의 관점과 직무주의 관점은 확연히 다르다.

먼저 적재적소 속인주의 관점을 가지고 있는 가게 주인이라고 가정해보자. 이 주인도 머릿속으로는 대충 어떤 일을 해야 할지 알고 있다. 하지만 상세하게 고민하지는 않는다. 대신 누구를 채용할지 먼저 생각한다. '친척 집 자녀가 대학 나와서 놀고 있다고 하는데, 아니면 지난번에 우연히 만난 직장 후배가 일을 찾고 있다고 하는데' 하고 생각하며 인성만 좋으면 되지, 어떤 일을 시킬지 그 사람이 그 일에 적합한지에 대해서는 심각하게 고려하지 않는다.

이 때문에 속인주의는 연고주의와 관련이 깊다. 일보다는 사람을 먼저 고려하기 때문에 자신의 연고를 통해서 인사관리를 시도하게 된다. 그리고 처음부터 업무에 대한 기대치를 설정하지 않았기 때문에 '좋은 게 좋은 것'이라는 식으로 일을 시작하게 된다. 급여도 분명하게 말하지 않을 가능성이 높고 계약서 내용도 형식적으로 작성된다. 처음에는 아는 사람과 시작하니까 분위기가 좋은 것 같다. 그러나 시간이 지날수록 서로의 기대치가 다르다는 것을 깨닫고 갈등이 생긴다. 웃으며 시작했다가 서로 원수가 되는 일이 다반사다.

반면 가게 주인이 적소적재 직무주의 관점을 가지고 있다면 어떨지 생각해보자. 우선 가게에 무슨 일이 제일 먼저 필요한지 고려할 것이다.

가게에서 팔 물건을 구입하고, 분류하고, 매장에 전시하고, 고객들에게 판매하고, 계산서를 발행하는 것과 같은 많은 일들이 있을 것이다. 주인은 그 일들을 정리해서 과업 리스트를 만들 것이다. 직무분석이 무엇인지 정확하게 알지 못하지만 실제로 직무분석을 하는 것이다.

적소적재 직무주의 관점을 가진 가게 주인은 과업 리스트 가운데 사장인 자신이 해야 할 일이 무엇이며 고용된 직원에게는 어떤 일을 맡길지 판단할 것이다. 그리고 그 일에 적합한 사람은 어떤 점을 갖추고 있어야 하는지, 그런 사람을 어떻게 찾을지, 그리고 어느 정도의 급여를 주어야 하는지 고민할 것이다. 물론 주변 가게나 같은 업종을 비교하며 자신이 구하고자 하는 분야의 사람들이 어느 정도 급여를 받는지 조사할 것이다. 시장임금이 무슨 뜻인지는 잘 알지 못하지만 실제로 시장임금 조사를 한 것이다.

사전 조사가 끝나면 주인은 적절한 매체를 찾아서 채용 공고를 하거나 가게 문 앞이나 인터넷, 아파트 전단지, 동네 전봇대에 모집공고를 붙일 것이다. 지원자가 있다면 그와 면접을 해서 그 일에 맞는다고 생각하는 사람을 채용하고, 계약서를 작성해 한 부씩 나눠 가진다. 계약서에는 급여와 직원이 해야 할 업무를 포함해서 서로 기대하는 바가 담겨 있다.

동네 가게를 예로 들어서 적재적소 속인주의와 적소적재 직무주의를 비교했지만, 양자의 차이는 비단 작은 가게에만 해당하는 것은 아니다. 대기업, 공기업 심지어 정부도 매한가지다.

이처럼 적소적재 직무주의는 일에서 출발하지만, 사람을 소중하게 생각한다. 자리가 사람을 만든다고 여기면 아무나 데리고 와서 일해도 되지만 자리에 필요한 사람을 찾는다면 그 사람은 아무나가 아니다. 자세히 검토하고 온갖 정성을 다해서 신중하게 선발해야 한다. 아무나와 신중함 사이에 어느 쪽이 더 사람을 소중히 여기는 걸까?

저자들은 오랫동안 적소적재 직무주의 인사관리를 바탕으로 학문과 현장을 접목하기 위해 노력해왔다. 특히 한국적인 상황에 맞는 직무평가 도구 개발을 위해 힘써왔다. 직무평가는 직무주의 인사관리를 실현하기 위해 없어서는 안 될 인프라다.

다국적 컨설팅 회사들이 오랜 시행착오 끝에 각자의 직무평가 상품을 개발해 기업에 제공하고 있다. 아쉽게도 이들 상품은 매우 높은 비용을 지불해야 했기 때문에 소수의 대기업만이 접근 가능했다. 이에 저자들은 2014년에 중소중견기업을 위한 직무평가 도구 개발을 시작으로, 한국노동연구원의 지원으로 보건의료, 은행, 철강, 호텔, 공공서비스, 사회복지서비스, 건설, IT, 제약, 조선해양, 화학 등 산업의 특성을 반영한 업종별 직무평가 도구를 시리즈로 개발해왔다. 그리고 이를 실제로 기업에 적용해왔다. 또한 학술적인 접근도 시도해 직무주의 인사관리의 효과를 실증적으로 검증했다.

이 책은 이러한 경험과 데이터 그리고 이론적인 배경을 바탕으로 쓰였고 다음과 같은 점을 염두에 두었다. 첫째, 실용적인 관점을 우선했지만 동시에 적소적재 직무주의 인사관리의 배경 지식을 높이기 위해 노력했다. 직무주의 인사관리를 도입하고 실천하기 위한 여러 가지 방법론이 필요하지만, 배경이 되는 이론과 지식이 없으면 쉽게 흔들린다.

예를 들어, 일본에서는 직무급 대신에 역할급을 도입하고 있다. 직무와 역할에 대한 이해가 깊어지면, 직무급과 역할급의 공통점과 차이점을 이해할 수 있을 것이다. 1부 '적재적소에서 적소적재로'에서는 양 접근법을 비교하고(1장), 한국 사회에서 많은 이해관계자가 가진 직무주의에 대한 오해를 바로잡는다(2장). 그리고 적소적재의 출발점인 직무(job)와 유사한 개념인 일(work), 노동(labor), 그리고 역할(role)을 비교한다(3장).

둘째, 적소적재 직무주의를 도입하기 위한 구체적인 방법론과 실제 사례를 다루고자 했다. 가능한 실무적으로 적소적재 직무주의를 도입하는 데 필요한 가이드로서 역할을 할 수 있기를 기대했다. 따라서 2부에서는 적소적재의 기본 개념을 다루었다. 적소적재 직무주의 인사관리의 개요(4장)를 포함해 직무주의를 이해하고 도입하기 위한 필수적인 개념인 직무분류와 직무분석(5장) 그리고 직무평가(6장)를 다루었다. 3부에서는 인사관리의 네 가지 핵심기능인 채용(7장), 평가(8장), 육성(9장), 보상(10장)을 통해 적소적재 직무주의가 구현되는 모습을 구체적으로 제시했다.

셋째, 적소적재 직무주의가 이론이나 수사에 그치지 않고 실제로 우리 사회와 조직에 어떤 긍정적인 효과가 있는지 실증 자료를 제공하고자 했다. 아직 충분하다고 할 정도의 연구결과가 축적되지는 않았으나, 무시할 수 없는 상당한 수준까지 연구가 진행되고 있다. 11장에서 다루는 적소적재 직무주의의 효과에 대한 긍정적인 실증 자료들은 직무주의를 도입하고 하는 조직의 의사결정권자나 실무자들이 직무주의에 대한 의구심을 떨치고 자신 있게 다른 사람들을 설득할 수 있는 근거자료가 될 수 있을 것이다.

넷째, 적소적재 직무주의는 우리 사회가 다음 단계로 도약하기 위한 필수조건이다. 그런데 사회 수준이 높아질수록 한 계단 더 높은 단계로 가는 것이 점점 어려워진다. 지금 우리가 처한 상황이 그렇다. 중진국까지는 전 세계가 놀랄 만큼 빠르게 치고 올라왔는데, 선진국 문턱에서 머뭇거리고 있다. 여러 가지 사회적인 요인이 있겠지만, 사람들의 생각과 행동을 유도하는 인사관리가 무엇보다 중요하다고 여긴다. 적소적재 직무주의가 실행되고 뿌리 내리기 위해서는 정책 입안자를 포함해 사회의 다양한 이해관계자들의 이해와 지원이 필요하다. 따라서 이 책의 마지막인 12장에서는 적소적재의 미래를 위한 과제들을 다루고자 한다. 특히 정부 역할의 중요성을 강조했다.

마지막으로 이 책의 독자 중에는 인사관리의 정책을 수립하고 집행하는 모든 이해관계자들이 있을 것이다. 여기에는 인사관리 담당자뿐 아니라 정부의 정책 담당자들과 기업의 최고경영진과 리더들 그리고 노동조합 운동가들도 포함된다. 특히 직무주의 인사관리를 도입하고 실행하는 의사결정자들에게 이 책을 추천한다. 대기업의 속인주의에서는 인사관리 전문가인 인사부서가 인사제도의 도입과 실행에 결정적인 역할을 한다. 노동조합이 있는 경우에는 노동조합과 인사노사 부서 간의 협상에 의존한다. 경영자나 현장 관리자는 아무래도 뒷전에 있게 된다.

하지만 직무주의 인사관리가 성공적으로 도입되고 운영되기 위해서는 인사가 인사부서의 전유물이 되어서는 안 된다. 실제 현업의 직무들을 이해하고 있는 현장 관리자인 리더들의 적극적 참여가 필수적이다. 직무주의 인사관리에서는 단계와 시기별로 다양한 의사결정이 필요하고 이는 최고경영진을 포함한 리더들의 몫이다.

그리고 노동조합운동가에게도 이 책을 추천한다. 대체로 노동조합에서는 '직무'라는 단어에 대한 거부감이 크다. 이렇게 된 데에는 여러 가지 역사와 배경이 있다. 노동조합운동의 줄기를 나누자면 이데올로기에 기반한 노동운동과 실용주의에 기반한 노동운동이 있다. 실용주의 관점의 노동운동은 노조원들의 처우와 노동환경 개선이 첫째 목표이며, 사용자의 지나친 노동 통제를 억제하는 것이 두 번째 목표가 될 것이다.

적소적재 직무주의를 도입하면 노동의 통제권을 사용자가 독점하는 것이 아니라 노사가 공유하게 된다. 따라서 직무주의 인사관리는 실용주의 노동운동과 그 궤를 함께한다. 동일노동 동일임금은 노동조합운동이 지향하는 중요한 가치이며, 이는 적소적재 직무주의의 다른 표현이기도 하다. 이 책이 노사협력을 통한 적소적재 사회로 나아가는 데 기여할 수 있기를 기대한다.

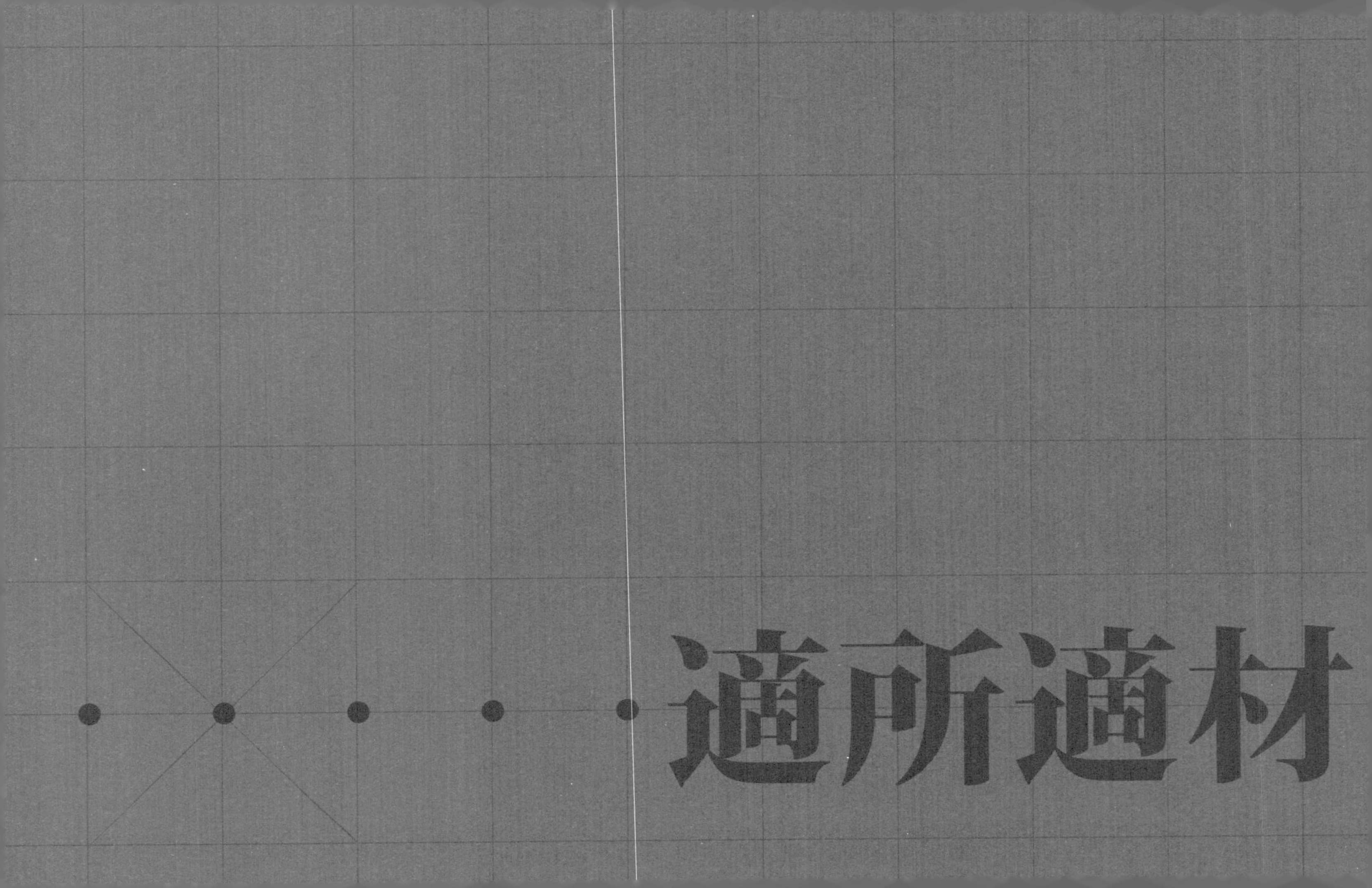

適所適材

1부

적재적소에서
적소적재로

1장

적재적소와 적소적재

2021년 도쿄올림픽에서 양궁 종목은 전대미문의 성과를 올렸다. 대한민국 국민으로서 정말 자랑스러웠다. 올림픽 개최가 무산되었다면 어쩔 뻔했느냐는 농담이 즐겁게 오간다. 한국 양궁이 이처럼 오랫동안 왕좌에 오를 수 있었던 배경으로 국내외 언론은 공정한 선발 시스템에 주목했다. 어떤 선수가 과거에 어떤 국제대회에서 우승했는지는 국가대표 선발 시의 고려대상이 아니다. 선수들의 명성, 출신 학교나 지역은 물론 경험도 선수 선발의 변수가 되지 않았다. 모두 동등한 조건에서 경쟁해서 가장 좋은 성적을 낸 선수에게 국가대표 자격을 부여한다.

나이와도 무관하므로 도쿄올림픽 남녀 혼성팀은 대표팀에서 가장 나이가 어리지만 선발전에서 월등한 실력을 보여준 안산 선수와 김제덕 선수가 혼성팀을 이뤄 금메달을 땄다. 한편 남자 대표팀에는 17세의 김제덕 선수도 있었지만 40세의 오진혁 선수도 있었다. 역시 남자 단체전에서도 대한민국은 금메달을 목에 걸었다. 나이가 문제였다면 오진혁 선수는 나이가 너무 많아서, 김제덕 선수는 나이가 너무 어리고 경험이 적다고 선발에 배제되었을 것이다. 이렇게 공정하게 선발되다 보니 양궁 대표팀 선수들은 나이와 관계없이 서로를 동료로 인정한다고 말한다. 나이가 어리다고 무시당하거나 나이가 많다고 특별대우 받는 일은 없다고 한다.

나이나 기존 경력을 변수로 삼지 않는 공정한 선발전 역시 바로 적소적재의 원칙이 적용된 것이다. 양궁 국가대표 선발전은 우리가 어떻게 사람을 뽑고 어떻게 배치해야 하는지 분명한 좌표를 제시하고 있다. 만약 적재적소라면 어땠을까? 과거 국제대회에서의 성적이 뛰어난 유명 선수, 국가대표 경력과 경험이 오래된 선수들이 적재라고 생각하지 않았을까?

1
전통: 뿌리 깊은 적재적소 관념

사회학자 이철승 교수는『쌀 재난 국가』에서 연공서열형 인사제도의 전통은 쌀을 주식으로 하는 동아시아 국가에서 뿌리가 깊으며, 특히 한국이 여전히 가장 강한 전통 속에 있어서 전 세계 '유일한 연공제 국가'로 남아 있다고 주장한다.[1] 이철승 교수는 이로 인해 한국 사회가 불평등과 불공정 문제에 시달리고 있다고 보았다. 그만큼 적재적소의 전통은 뿌리가 깊다.

한국 사회를 날카로운 시선으로 관찰했던 사람은 100년 전에도 있었다. 미국의 언어학자이자 고종의 고문이었던 호머 헐버트 박사는 1세기 전에 조선의 적재적소 연고주의 관습이 바뀌지 않으면 조선의 미래가 어둡다고 걱정했다.

> 헐버트 박사에게 한 조선인이 찾아왔다. 그는 박사의 건강이 괜찮은지 등 안부를 묻고는 말했다. "저에게 자리 하나 구해 주세요." 헐버트 박사가 흥미롭다는 듯이 되물었다. "막일하는 자리는 아니 되겠지요?"
>
> 그 조선인은 머리를 갸우뚱하더니 방 구석구석을 이리저리 둘러보고는 중얼댔다. "막일하는 자리, 막일하는 자리, 저는 그런 말 모릅니다."
>
> 알 리가 없다. 그에게 가장 잘하는 일이 무엇이냐고 묻자 그는 단숨에 아무거나 좋다고 답했다. 물론 이는 아무것도 잘하는 일이 없다는 뜻이다. 헐버트 박사가 다시 광산에서 금을 캐는 일이나 하와이에서 사탕수수를 베는 일

1 이철승. 2021. 『쌀 재난 국가: 한국인은 어떻게 불평등해졌는가』. 문학과지성사.

을 제안했다. 그는 손을 크게 설레설레 흔들면서 이는 심각한 일이니 농담하지 말라고 했다.

헐버트 박사는 갑자기 생각이 떠올랐다는 듯이 양반들이 짚신을 신고 다니고 사투리가 아주 심한 저 멀리 남도 지방 어느 고을의 자리 하나를 제안하면서 그를 떠보았다. 그는 심사숙고하는 태도를 보이는 척하다 결국에는 "박사님이 제안하는 자리가 아무리 좋은 자리라 하더라도 아버지의 집을 떠나는 것은 아들의 도리에 어긋나는 일이기에 받아들일 수 없다"고 털어놓았다.

헐버트 박사가 다시 한 번 그 조선인에게 제안하기를, 친구 사무실에 자리가 하나 있는데 아주 편하고 깨끗하면서도 펜대만 놀리는 사무직 일이며 아침 9시부터 오후 6시 정도까지만 일하면 된다고 말하면서 그를 떠보았다. 그는 의자에서 거의 나자빠지더니 다시 고쳐 앉고 화제를 바꾸려 시도하다가, "사실은 형님이 현직의 한 대신이 사임하는 대로 정부 부서의 자리 하나를 확실히 꿰찰 수 있다"고 했다면서 그리되면 자리 걱정을 할 필요가 없다고 말했다.[2]

- 호머 헐버트, 『조선의 혼을 깨우다』 중에서

2 호머 헐버트. 1904. 「한국교육은 혁명적 변화가 필요하다」, 한국평론, 1904년 10월호(『헐버트: 조선의 혼을 깨우다』(김동진 번역) 2016. 참좋은친구).

이것이 바로 문제의 핵심이다. 그 조선인은 헐버트 박사와의 약간의 친분을 이용해 자격이 없으면서도 꽤 괜찮은 급여를 받을 수 있는 자리 하나를 얻으려고 한 것이다. 이 이야기는 100여 년 전에 한 백안(白眼)의 학자 눈에 비친 조선의 모습이지만 자리가 사람을 만든다는 적재적소의 관념은 이토록 뿌리 깊게 우리 사회의 병리 현상으로 오랫동안 우리 곁에 있었다.

[그림 1-1] 적재적소 속인주의와 환경의 불일치

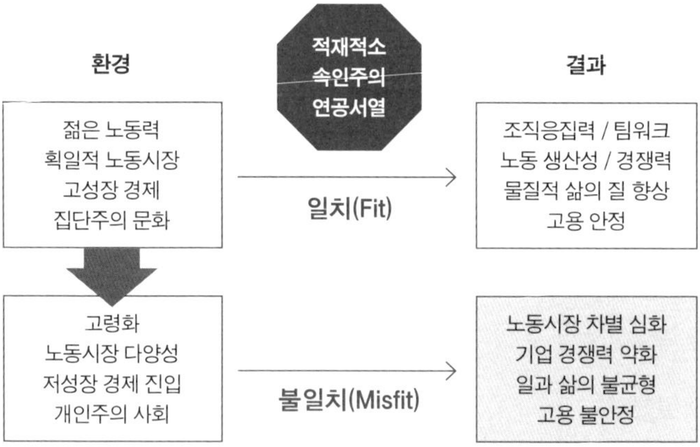

2
과거: 그때는 맞고 이제는 틀리다

적재적소 속인주의의 연공서열형 인사관리가 있었기에 대한민국의 기적 같은 성장이 가능했다고 반론할 수 있다. 틀린 주장은 아니다. 지난 수십 년 사이 한국은 세계 현대사의 격변기 한가운데 있었다. 그리고 그 누구도 예상하지 못한 한강의 기적을 만들었다. 정부의 경제개발정책, 선진국의 도움, 한국 기업가들의 기업가정신 등이 기반이 되었지만, 누구도 부인할 수 없는 가장 중요한 요소는 근면하고 성실한 근로자들의 헌신과 노력이었다. 그리고 근로자들의 헌신과 노력을 끌어내는 데 속인주의 연공서열형 인사관리도 제 역할을 해왔음을 인정하지 않을 수 없다.

세상은 언제나 변화한다. 적재적소 연공서열형 인사관리는 한국 경제가 고령화와 저성장 체제로 들어가기 전까지는 잘 작동했다. 1987년 정치적 민주화와 함께 불어온 산업민주화(혹은 노동계에서는 '노동자 대투쟁의 해'라고 칭함)가 그 정점의 상징이었다.

1990년대까지 한국은 고도의 경제 성장을 이루었고 노동시장은 남성 중심의 젊은 근로자들이 주를 이루었다. 이들은 대체로 가정의 가장으로 생계를 책임졌다. 그러나 시간이 지나고 나이가 들어감에 따라 주거비나 자녀들의 교육비 등 생활비가 더 많이 들어가는 구조였다. 젊은 시절에는 생산성보다 적은 보상을 참아내는 대신 나이가 더 들어서 나중에 보상을 받을 것을 기대할 수 있었다. 조직문화 측면에서는 당시 군사정권에 기반한 권위주의 사회를 그대로 답습해 일사불란한 지휘명령 체계로 움직이는 집단주의 문화가 강하게 작용했다.

이러한 환경에서 속인주의 연공서열형 인사제도는 효과적이었다. 근면하고 성실한 근로자들이 조직에 충성을 다하고, 일에 몰입하다 보니 생산성은 높았다. 생산성과 함께 노동비용 경쟁력도 갖추고 있었다. 근로자들도 물질적인 삶의 질 향상과 고용의 안정으로 성과의 과실을 공유할 수 있었다. 적재적소의 속인주의 연공서열형 인사관리와 당시의 경영 환경이 잘 어우러졌다.

하지만 한국 경제와 사회는 1990년대를 기점으로 선진국으로 전환하

[그림 1-2] 제도, 문화 그리고 리더십의 관계

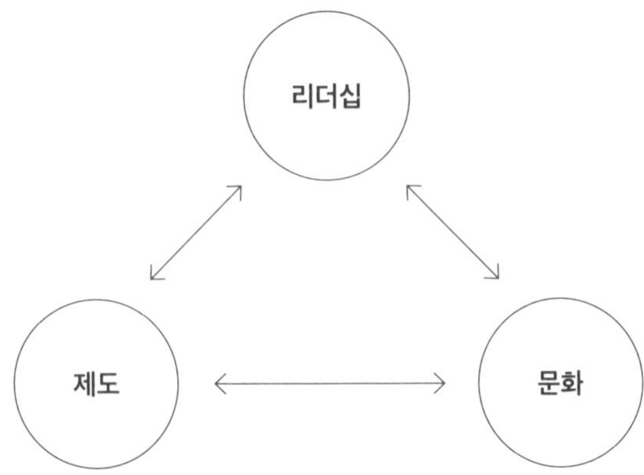

기 시작했고, 고령화 사회로 접어들게 되면서 고도성장기에 적합했던 적재적소의 속인주의 인사관리의 부작용이 나타나기 시작했다. 기업들도 이를 잘 알고 있었다. 그들 중 일부는 성과주의 인사관리나 능력주의 인사관리 등으로 변화를 시도했으나 성공하지 못했다.

결국, 많은 기업이 택한 전략은 소수 정예의 정규직과 나머지 다수의 비정규직으로 구성되는 차별적인 노동시장이었다. 핵심 정규직 노동시장은 손대지 못하고 나머지 영역에서만 노동시장 유연성을 선택한 정부의 정책도 문제의 한 축을 담당했다. 결과적으로는 새롭게 변화되는 환경과 여전한 적재적소 속인주의 인사관리 간의 부적합성이 드러나게 되었고, 그 결과 노동시장의 차별화, 기업 경쟁력 약화, 고용의 불안정, 일과 삶의 불균형 등으로 이어지게 되었다.

3
직면한 문제: 적재적소의 조직문화와 리더십

인사제도는 조직 구성원들의 행동에 영향을 미친다. 그러나 독립적으로 존재하지 않고 문화, 리더십과 어우러져 하나의 시스템으로 작동한다. 제도와 문화는 서로 영향을 주고받는다. 또한, 제도와 문화가 현장에서 실제로 작동하게 만드는 것은 리더십이다. 제도, 문화, 그리고 리더십은 상호 불가분의 관계에 있다. 적재적소의 속인주의 인사제도는 필연적으로 이에 어울리는 조직문화와 리더십이 배후에서 작용한다.

최근 직장 내 괴롭힘 문제가 심각하다. 어느 사회나 직장 내 괴롭힘이 없는 것은 아니지만 유독 한국 기업들에서 이런 현상이 더 두드러지며 최근에는 특히 더욱 심각해지고 있다. 조직 내 상사와 부하 간에 갈등이 커지는 이유는 서로 간의 기대치가 불일치하거나 역할이 모호해지면서 초래된다. 과거와 같은 평생 직장과 조직에 대한 충성심을 교환하는 환경이 아닌 상황에서 적재적소의 속인주의 인사관리가 조직문화의 건강에 어떻게 나쁜 영향을 주는지 다음 사례에서 여실히 드러난다.

이경민 씨는 유명 패스트푸드 업체에 신입사원으로 입사했다. 그는 학창 시절 여러 번의 매장 아르바이트 경험도 있고 만능 운동선수로 건강하고 성실하다. 경민 씨는 장밋빛 꿈을 가득 안고 매출이 가장 높은 시내 중심가 매장에 정규직 매니저로 첫 출근을 했다. 정시 출근 10분 전에 매장에 도착한 경민 씨에게 점장 노가리 씨는 잔뜩 찌푸린 얼굴로 "에잇 요새 젊은것들 태도하고는, 쯧쯧" 하고 중얼거리며 딱히 답변할 시간도 주지 않고 경민 씨를 노려보았다. 그것이 점장과의 첫 대면이었다.

노가리 점장은 부자재 위생 관리 업무, 본사 업무 보고, 아르바이트 등 인력 관리 업무 등 매장 업무를 익히는 오리엔테이션 기간 내내 못마땅한 표정으로 무엇을 하든 경민 씨를 끊임없이 타박했다. 꼼꼼하게 업무를 처리하면서 기간이 걸리거나 잘 이해되지 않아 질문하면 "대학 나온 미련곰탱이"라고 대놓고 빈정거리는 것은 일도 아니었다. 식사하면서 여자친구와 통화할 때는 "그렇게 느려터져서 연애는 어떻게 하고, 밥은 어떻게 처먹냐?"고 하는 등 사사건건 빈정거리면서 경민 씨를 구박했다. 오랜만에 여자친구와의 데이트를 위해 서둘러 일을 마치고 정시퇴근을 하려고 하면 "실력이 안 되면 몸으로라도 때워야지"라며 일을 던져 주었고, 경민 씨는 여자친구와의 데이트도 거의 포기하며 지냈다.

경민 씨는 시간이 해결해주기를 기대하며 1년을 버텼지만, 상황은 더욱 악화되었다. 인건비를 회사 운영비의 8% 이하로 관리해야 하는 본사의 지침 때문인지 아르바이트생이 퇴사해도 적극적으로 충원하지 않아 경민 씨가 홀 서빙, 카운터, 심지어 주방 업무까지 담당해야 했다. 점장 외 유일한 정직원인 경민 씨에게 주어지는 대체 업무는 점점 늘어났다. 뜨거운 그릴 업무부터 홀 서빙부터 음료수에 빨대 꽂기까지 쉼 없이 하루하루를 보내면서 경민 씨는 지쳐만 갔다. 왕복 3시간 걸려 출퇴근하고 하루 15시간씩 근무한 지 거의 1년째. 경민 씨는 이제 하루 종일 무기력하다. 오늘 카카오톡 메시지에 10년 넘게 사귀었던 여자친구가 다른 이와 결혼한다며 청첩장을 보내왔다. 경민 씨는 고개를 떨구었다.[3]

- 문강분, 『이것도 직장 내 괴롭힘인가요?』

---

3 문강분. 2020. 『이것도 직장 내 괴롭힘인가요?』 가디언.

이경민 씨와 같은 직장 내 괴롭힘 사례는 우리 주변에서도 쉽게 찾아볼 수 있다. 언론에서 끊임없이 등장하는 이러한 사례들을 접할 때 우리는 점장의 리더십이나 리더로서의 태도, 개인적인 성향에 초점을 맞춘다.

그러나 이 사례의 이면에는 적재적소의 속인주의가 자리하고 있다. 과업의 정의는 제대로 되어 있지 않고, 채용할 때 무슨 일을 하는지 알지 못한 상태에서 입사하고 그 이후에는 리더의 자의적인 판단에 따라 업무가 부여된다. 근무 방식도 하루에 해야 할 과업을 미리 정해놓지 않았기에 그때마다 업무의 양은 달라지고 앞의 사례처럼 끊임없이 일이 있어서 야근과 주말 근무가 예외가 아니라 일상이 되어버린다.

[그림 1-3] 적재적소 인사제도와 조직문화/리더십 관계

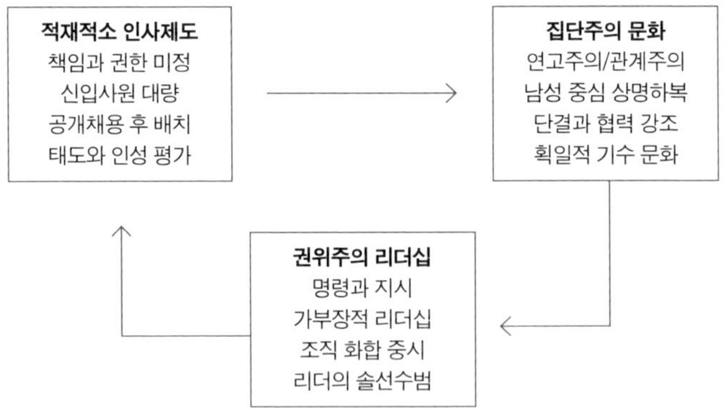

우리는 알게 모르게 적재적소 속인주의와 함께 집단주의 조직문화와 권위주의 리더십이 형성된 조직 환경 속에서 살아가고 있다. 물론 리더십에는 개인 차가 크다. 하지만 개인 차에도 불구하고 대부분의 리더들은 자신도 모르는 사이에 선배로부터 전수받은 권위주의 리더십에 익숙해진다. 권위주의 리더십은 집단적 조직문화에서 자라서 뿌리내린다.

빠른 성장 속에서 구성원들의 인권이나 불만은 상대적으로 덜 중요했고, 성장이 최우선적인 환경 속에서 문제가 있는지 알면서도 묵인되어왔다. 그러나 사회가 발전하고 경제가 성장할수록 사람들은 자신의

〈표 1-1〉 주요 대기업들의 조직문화 개선 활동

주요 대기업	조직문화 개선 활동
삼성	2016년 Start-up 삼성 선포(자율과 창조 중심 기업 문화 지향) 2017년 직급체계 개선 및 호칭 파괴를 통한 수평적 조직문화
SK	2016년 Deep change 선포(회의, 보고, 자율 업무 등 일하는 방식 개선) 2018년 직급체계 단순화 및 호칭 일원화 통한 수평적 조직문화
롯데	2017년 가족 친화 경영 확대(육아 휴직 확대, 유연근무제) 2017년 근무시간 외 PC 오프 및 카톡 금지
CJ	2017년 일·가정 양립 및 유연한 근무 환경을 위한 기업 문화 혁신
신세계	2017년 주 35시간 근무제 도입

출처 : 대한상공회의소(2018)[4]

4 대한상공회의소. 2018. 「한국 기업문화의 근본적 혁신을 위한 제언」

권리와 일과 삶의 조화를 추구하게 된다. 언론에서도 크게 주목한 MZ 세대의 개인주의적인 특성은 세대 간의 차이라고 볼 수도 있지만, 사회의 진화·발전 과정에서 개인의 자유와 권리를 자연스럽게 체득한 세대들의 당연한 반응이기도 하다.

4
변화 방향: 적소적재의 조직문화와 리더십

이제는 조직문화와 리더십의 바람직한 변화 방향에 대해서 대체로 사회적인 공감대가 형성되어 있다. 구성원 개개인의 개성을 존중하고

[그림 1-4] 적소적재 인사제도와 조직문화/리더십 관계

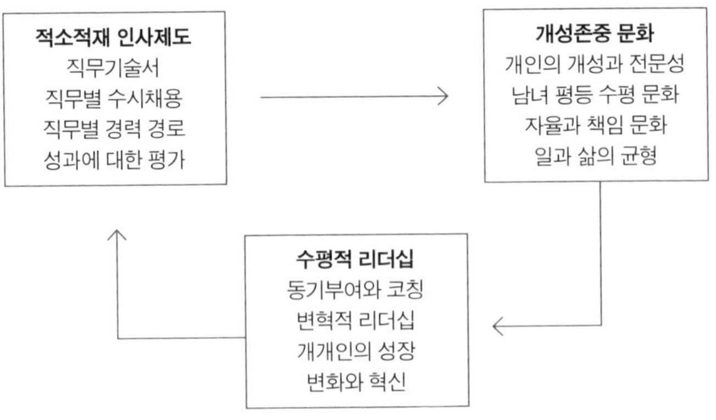

전문성을 키울 수 있는 조직문화와 구성원들의 동기를 끌어낼 수 있는 수평적인 리더십은 대부분의 선진국과 기업들이 추구하는 보편적인 현상이 되었다. 한국 기업들도 예외가 아니다.

2000년대에 들어와 한국 기업들은 조직문화와 리더십을 개선하기 위해 노력을 기울여왔다. 직급체계의 축소, 호칭 파괴, 가족 친화경영의 확대, 일·가정 양립 등 다양한 개선 활동을 전개하고 있다. 정부의 노동정책도 근로시간의 단축이나 일·가정 양립에 대해서는 진보와 보수 정권 구분 없이 추진하고 있다. 그러나 사회의 발전 방향과 반대로 정착이 잘되지 않고 있다. 문화와 리더십은 특성상 하루아침에 쉽게 바뀌지 않는다는 점이 있기는 하지만, 가장 큰 걸림돌은 인사제도에 있다.

적재적소 속인주의 연공서열형 인사관리는 그대로 두면서 원하는 방향의 문화와 리더십을 만든다는 것은 거의 불가능하다. 그런데 조직문화와 리더십 방향에 대해서는 어느 정도 사회적인 공감대가 형성되어 있지만, 인사제도 방향에 대해서는 아직 그렇지 못하다. 적재적소 속인주의 인사제도의 한계에 대해서는 대체로 동의하고 있는 듯하나 대안에 관해서는 주장이 매우 다르다. 저자들이 이 책을 쓰게 된 동기이기도 한 적소적재 직무주의 인사관리가 그 대안이라고 생각한다.

2장

적소적재에 대한 오해와 진실

사람들은 대체로 변화를 싫어한다. 변화가 필요한 줄 알면서도 처음에는 거부감을 느낀 채 바라본다. 적소적재 직무주의에 대해서도 예외가 아니어서 한국에서 직무주의가 성공적으로 정착될지를 부정적으로 바라보는 견해가 있다. 하지만 이러한 부정적인 의견 대부분은 적소적재 직무주의에 대한 오해에서 비롯된 것이다.

물론 비판적인 시각도 적소적재 직무주의가 정착되고 발전하는 데 도움이 된다. 그러나 진실과 다름에도 무조건적인 비판의 도구로 이용되는 것은 문제가 아닐 수 없다. 따라서 적소적재 직무주의에 대해 다루기 전에 직무주의에 대한 전형적인 오해를 소개하고 이것이 왜 사실과 다른지 설명하려 한다.

1
한국에서 실패한 직무주의 인사관리

오해 1. 직무주의 인사관리는 이미 한국에서 시도했고 실패했다.
진실 1. 과거 한국에서 직무주의 인사관리가 실패한 이유는 준비와 역량이 부족했기 때문이다.

직무주의 인사관리에 대한 부정적 의견은 과거 우리나라에 몇 차례 직무급을 도입하려는 시도가 실패로 돌아갔던 경험이 원인이 될 수 있다. 도입 배경과 관심의 정도에는 차이가 있지만 1970년대부터 직무급에 대한 논의는 지속해서 이루어져 왔다. 우리나라 기업이 직무급을 도입하려는 시도는 크게 세 차례 정도인데 첫 시도는 경제발전 초기인 1960년대 중반부터 1970년대, 두 번째 시도는 IMF 이후, 세 번째 시도가 지금 현재 이루어지고 있다.

직무급 도입의 첫 시도 시기는 1960년대 산업화 이후다. 미국에서 우리나라 국영기업체에 차관을 제공하면서 직무급 도입을 제안했다.[5] 충주비료, 한국전력, 포항제철과 같은 공기업과 이들의 영향을 받은 금성사, 한국타이어, 금성전선, 호남정유와 같은 일부 대기업들이 직무급을

5 정승국·노광표·김혜진. 2014.『직무급과 한국의 노동』. 한국노동연구원.

도입했다.[6] 그런데 당시의 문헌을 살펴보면, 직무급 도입을 위한 준비와 체계적인 절차가 제대로 갖춰지지 않았음을 알 수 있다.

"이러한 국가의 요청과 일종의 유행에 의해 많은 기업이 '직무급적'인 임금체계를 도입했으나 (…) 문제점 진단 없이 (…) 직무급에 대한 충분한 이해 없이 (…) 대책과 단계적인 조치를 강구하지 않고 (…) 직무급적인 것이 되어 버렸거나 완전히 실패했다고 하겠다."[7]

- 이한인, 『현행 연공급 임금체계의 반성』 중에서

"(…) 직무급의 조건으로서 직무의 표준화와 안정화, 직무구성과 노동력 구성의 균형, 동일노동 동일임금의 의식, 횡단적 노동시장과 횡단적 직종별 임금의 성립 등이 있다. (…) 그러나 우리나라에 있어서는 이러한 조건들이 정비되어 있지 않으며 (…) 직무급제도의 당위성과 기업과 현실 사이의 갭(차이)만 두드러지게 나타나고 있다."[8]

- 대한서울상공회의소, 『기업임금제도에 관한 실태조사보고』 중에서

---

6 박우성·김동배·유규창·정승국·이상민. 2016. 『임금체계 개편의 방향과 대안』. 경제사회발전노사정위원회. 50쪽.

7 이한인. 1977. 『현행 연공급 임금체계의 반성』. 기업경영. 54-57쪽.

8 대한서울상공회의소. 1977. 『기업임금제도에 관한 실태조사보고』. 16-17쪽.

첫 번째 시도가 외부의 압력에 의한 것이었다면 두 번째는 한국 기업의 자발적인 필요 때문에 이루어졌다. 이때는 1990년대 말 외환위기 이후로, 연공급 임금체계가 국제적인 경쟁력을 갖추는 데 적합하지 않다는 인식하에 직무와 성과 중심의 임금체계로의 변화가 논의된 시점이었다. 많은 기업이 연봉제를 도입했고 CJ, 태평양, 오리온, 삼양사 등 몇몇 대기업과 은행이 직무급 도입을 시도했다. 외국인 투자기업들도 본국의 영향으로 직무주의 인사관리 도입을 강화하게 되었다. 하지만 이때에도 1차 시도와 마찬가지로 기업의 준비나 노동시장의 환경이 뒷받침되지 못해 용두사미로 끝나게 되었다.

지금은 차수로 보면 3차 시도지만, 이전과는 다르게 전개되고 있다. 우선 환경이 많이 달라졌다. 저성장 경제가 고착화되고 고령화가 빠르게 진행되고 있다. 그리고 무엇보다 과거의 실패를 통해 어떤 일들이 보완되어야 하는지를 학습했다. 지금은 직무급과 직무주의 인사관리에 대한 필요성을 절실하게 인지하고 있으며 그 범위가 기업, 공공부문, 정부 등 여러 주체에서 다양하게 일어나고 있다. 최근 정부에서는 공공부문의 직무급 도입을 선언했으며 비정규직의 정규직 전환 조건으로 직무급을 제안한다. 직무급 도입 여부를 공기업 평가에 반영하고 경제사회노동위원회에서는 공공기관 직무급제 도입을 합의하는 등의 노력이 진행되고 있다. 또한, 고용노동부에서는 중소기업의 직무주의 인사관리 도입 및 운영을 위한 컨설팅 지원 사업을 추진하고 있으며 삼성전자, 현대자동차, SK그룹 등도 인사 전략의 방향을 직무주의로 전환하고 있다.

덧붙여 지난 두 차례의 경험을 통해 직무주의 인사관리를 도입하고 운영하기 위해서는 그 과정과 준비 작업이 만만치 않다는 것도 학습하게 되었다. 직무분석과 직무평가의 방법론에 관한 관심과 구체적인 연구 결과물들이 도출되고 있으며 이와 함께 인사관리의 기본 가치와 문화에서 보완되어야 할 부분들 역시 관심의 대상이 되고 있다. 따라서 지금 현재 이루어지고 있는 직무주의 인사관리와 직무급에 관한 관심과 시도는 과거 두 차례에 걸친 것과는 질적, 양적으로 다르다. 그리고 무엇보다 과거의 실패를 실패로 묻어두지 않고 그 안에서 우리나라에 적합한 방법과 개선책을 찾기 위한 노력이 이루어지고 있다.

2
한국 문화에 맞지 않는 직무주의

오해 2. 적소적재 직무주의는 한국 문화와 맞지 않다.
진실 2. 한국 문화는 이미 변화하고 있고, 이제는 직무주의를 필요로 한다.

직무주의 인사관리가 우리나라 문화와 맞지 않는다는 주장도 직무주의에 대한 비판으로 자주 등장한다. 이때 말하는 문화는 아마도 연공,

입사 기수, 인화, 협력, 회사에의 충성 등이 주요 키워드이자 가치관이었던 시대의 세대에게 익숙한 문화다. 그러나 가치관이 바뀌면 자연스럽게 관리 방식과 제도가 바뀌어야 한다. 관리 방식과 제도가 오래 지속되면 이는 또다시 문화로 정착된다.

이미 개개인의 삶을 중시하는 워라밸(work-life balance)이 주요 가치관으로 바뀌었지만 제도와 관리 방식의 변화 속도가 따라가지 못하고 있다. 동기부여 방법에 대한 현장에서의 니즈와 가치관의 변화는 상당 부분 진행되어 있다. 리더가 이 변화를 감지하지 못하면 어떻게 될까? 다음은 중견 IT 기업의 오너 박정국 대표의 쓰라린 경험이다.

> (…) 구성원들 간 화합과 팀워크를 다지는 아름다운 전통이 무너질 위기에 처하면서 박 대표는 상황을 심각하게 받아들이기 시작했다. 박 대표의 회사는 직원들이 다 함께 참여하는 워크숍, 등산모임, 가족초청 행사, 독서토론회 등을 열심히 운영해오고 있다.
>
> (…) 워크숍은 매년 2회 개최되는데 업무에 지장을 주지 않기 위해 주말을 이용한다. 등산모임은 매월 첫째 토요일, 박 대표가 직접 주관하는 행사다. 등산은 건강에도 도움이 되고 무엇보다 함께하면 서로 친밀해진다는 큰 장점이 있다.
>
> (…) 가족초청 행사는 1년에 1회, 매년 5월에 개최한다. 그 외에 매월 셋째 월요일에는 아침 7시에 출근해 독서토론회를 연다. 책은 주로 박 대표가 선정

한다. 동양 고전인 『논어』, 『맹자』부터 미국 실리콘밸리 구루들의 저서 등 다양한 작품들을 엄선한다. 직원들이 독후감을 내지 않으면 박 대표가 직접 전화해 이유를 물어본 뒤 앞으로는 꼭 내라고 독려한다. 박 대표는 자신처럼 자상하고 직원들의 지적 호기심을 배려하는 멋진 CEO는 세상에 없을 것이라 확신했다.[9]

- 이은형, 『밀레니얼과 일하는 법』 중에서

결과는 참담했다. 신입사원 및 젊은 사원들의 의견 조사 결과 매우 신랄하고 비판적인 의견들이 쏟아졌다. 1980년대 초에서 1990년대 초 출생한 밀레니얼 세대와 1990년대 중반에서 2000년대 초반 출생한 Z세대를 통칭하는 MZ세대에게 박 대표의 호의는 안타깝게도 괴롭힘에 가까웠을 수 있다. 이전 세대들에게 삶은 곧 직장이었고, 직장은 곧 삶이었다. 주말, 퇴근 이후의 시간과 각종 가족 행사와 동호회 등의 취미 생활을 함께했다. 당시에는 근무시간이라는 개념도 명확히 없이 상사가 퇴근하기 전까지가 암묵적인 근무시간이었으며 상사와 회사에 충성하는 것이 당연시되었다.

이전 세대에게 일상적인 야근과 회사에 대한 무조건적인 충성이 가능하게 된 데는 적재적소 속인주의 인사관리가 주요한 역할을 했다. 대

---

9 이은형. 2019. 『밀레니얼과 일하는 법』. 51-53쪽 내용 발췌.

규모 공채로 입사하는 순간 신입사원들을 하나로 묶는 '기수'가 생기고 이 기수는 선·후배, 위계서열, 연공서열 문화를 만드는 데 큰 기여를 했다. 입사 이후에는 호봉과 연공에 의해 보상이 결정되고 승진 연차가 되면 다음 직급으로 승진한다. 물론 승진하려면 상사의 역할이 크기 때문에 상사에게 잘 보이고 상사의 눈에 들기 위해 당연히 노력해야 했고, 즐거운 마음으로 감내해야 했다. 요즘처럼 이직이 잦지도 않았고 한번 입사해서 큰 문제가 없다면 정년을 채우고 퇴직하는 것이 일반적이었다. 그리고 무엇보다 그 회사에서 쌓은 연차(연공)는 직급과 임금을 결정짓는 주요 요소였기 때문에 다른 곳으로 이직할 유인을 감소시키고 회사와 상사에 충성할 수 있는 매력적인 기제로 작용했다.

그러나 MZ세대는 대표에게 성과급의 근거를 직접 묻기도 한다. 이들에겐 금액뿐만 아니라 책정 기준의 공정성과 투명한 공개도 중요하다. "MZ세대는 평생직장이나 임원 승진 등을 목표로 삼지 않는다. 대신 원칙, 공정 등을 중시하고 이에 어긋나 손해를 본다고 생각하면 거침없이 표현한다. 성과급에 대해서도 '이 정도면 과거에 비해 많다'며 다독이는 식으로는 설득이 어렵다"[10]는 대기업 임원의 말에서 과거의 동기부여 방식과 인사관리 방식으로는 MZ세대를 관리하는 데 한계가 있음을 알 수 있다.

---

10 「MZ세대가 불 댕긴 '성과급 공정성 논쟁'」, 《동아일보》, 2021.02.08.

기존 세대들은 입사 초기의 낮은 임금을 감내하고 연공이 쌓이면 후반기에 높은 임금을 받을 수 있다는 믿음이 있었다. 이는 후불의 개념과 유사한데 이를 이연임금(deferred wage)이라 한다. 기존 세대들에게는 만약 중도에 이직하거나 해고를 당하면 자신의 이연임금을 상실하게 되어 근무 태만이나 부정적인 행동을 억제한다는 이연임금이론[11]이 적용 가능했고 설득도 가능했다. 그러나 성과급의 근거마저도 공정하다고 생각하지 않거나 만족스럽지 못할 경우 즉각적으로 반대 의견을 피력하는 MZ세대들에게 조금만 참고 일하면 몇십 년 후에 지금 받지 못한 보상을 받게 될 것이라는 논리로 동기를 부여하는 방식이 통할 리 만무하다. MZ세대는 가시적이고 즉각적인 보상을 중시한다. 그리고 그 보상의 기준은 공정하고 납득할 수 있는 기준이어야 하며 기존의 일방적인 상사의 지시와 불합리한 근무 관행에는 더더욱 관대하지 못하다.

속인주의 인사관리에서 중요하게 다루어지던 가치관을 중심으로 형성된 문화를 유지하기 원한다면 직무주의 인사관리는 맞지 않을 수 있다. 그러나 이미 공정성, 투명성, 체계적 기준, 일과 삶의 균형 등을 강조하는 가치관으로의 변화가 일어나고 있으며, 조직문화도 변화하고 있다. 이러한 변화를 수용하기에 과거 속인주의 인사관리 방식은 이제 그

---

11 Lazear, E. P.(1979). Why is there mandatory retirement? *Journal of Political Economy*, 87(6): 1261-1284.

효력을 상실했다고 봐야 한다. 변화된 가치관과 문화에 적합한 인사제도와 동기부여 방법을 위한 합리적 대안을 모색해야 할 시점이며, 그 대안은 적소적재 직무주의에 있다.

3
직무주의는 어렵다

오해 3. 적소적재 직무주의가 아무리 좋아도 어렵기 때문에 도입과 운영이 불가능하다.

진실 3. 어려운 것은 사실이나, 이제는 인프라도 갖추어졌고, 한국 기업의 역량이 높아졌다.

적소적재 직무주의 인사관리의 도입과 운영이 어렵다는 의견에 대해서는 일부는 맞고 일부는 틀리다. 일부 맞는 이유는 직무주의 인사관리를 위해서는 직무분류, 직무분석, 직무평가, 새로운 임금체계 설계 등이 이루어져야 하므로 어렵기 때문이다. 반면 일부 틀리다고 주장하는 이유는 어렵다고 생각하는 이 부분들이 이미 상당히 진척이 이루어졌고, 의지만 있다면 충분히 실행할 수 있기 때문이다. 앞서 인사관리에서의 두 기준인 '인(人)'과 '사(事)'에 대한 분석과 이해는 선택이 아니라 인사관리에 있어 필수임을 피력한 바 있다. 그리고 어렵다는 말을 사용해 회피하기에는 직무주의 인사관리에 대한 필요성과 추진 동기에 대한 사회적 합의가 이미 너무 많이 진행되어 이제는 어렵다는 말이 적절한 핑계가 될 수 없어 보인다.

직무주의 인사관리가 어려운 이유로 직무분석 그리고 직무평가에 대한 어려움을 이야기하는 경우가 많다. 직무분석과 직무평가의 목적, 구조, 과정, 활용 등에 대해서는 이후에 보다 자세하게 다룰 예정이기 때문에 여기에서는 의지만 있다면 그리 어려운 과정이 아님을 보여주는 것에 목적을 두고 직무분석과 직무평가의 접근 방법 위주로 소개하고자 한다(직무분류, 직무분석, 직무평가에 대한 구체적인 내용은 2부에서 다룰 예정이다).

먼저 직무분석은 직무의 과업과 직무수행자의 필요 요건을 분석하는 과정이다. 그런데 주요 직무의 경우, 자체적으로 분석하지 않더라도 관

[그림 2-1] 직무분석을 위해 활용 가능한 직무정보 제공

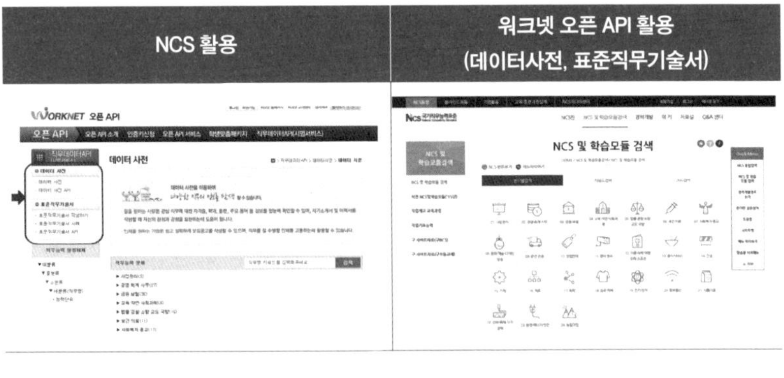
NCS 활용
워크넷 오픈 API 활용
(데이터사전, 표준직무기술서)
WORKNET 오픈 API
데이터 사전
NCS 및 학습모듈 검색

련 기관에서 분석한 직무정보들을 활용할 수도 있다. 앞의 그림은 직무분석에 활용할 수 있는 정보를 제공하고 있는 국가직무능력표준(NCS)과 워크넷의 예이며 대략적인 직무기술서까지도 도출 가능하다(물론 기업의 특성이나 목적에 따라 보완 및 조정 과정은 추가될 수 있다).

직무평가는 직무분석에 비해 체감 난도가 높다. 직무평가는 조직 내 직무들의 상대적 가치를 판단하는 과정으로 판단을 위해서는 직무평가 도구가 필요하기 때문이다. 직무평가 도구를 자체적으로 개발하기에는 현실적으로 많은 어려움이 있고, 컨설팅 회사에서 직무평가를 받기에는 비용이 만만치 않다. 이러한 이유로 직무평가를 더욱 쉽게 하기 위해 고용노동부가 업종 수준에서 통용될 수 있는 직무평가 도구를 개발해왔다. 지금까지 보건의료, 호텔, 은행, 철강, 공공서비스, 사회복지서비스, IT, 제약, (중소중견기업) 제조업의 생산직과 사무직, 건설, 조선해양 업종의 직무평가 도구가 개발되었다. 그리고 직무평가 도구들을 활용하는 과정에 대한 매뉴얼도 제작해 보급하고 있다.

다음 그림에서 제시한 바와 같이 임금직무정보시스템(www.wage.go.kr)에 접속해 업종별로 제작된 직무평가 도구 활용 매뉴얼을 확인할 수 있다. 그러나 사실 직무평가는 직무평가 도구가 갖추어져 있다 하더라도 직무평가를 실행하는 과정에서 조율하고 극복해야 하는 다양한 문제가 있고, 보상과 연계되기 때문에 매우 민감한 사항이 아닐 수 없다(이와 관련된 내용은 6장에서 상세하게 다룬다).

[그림 2-2] 직무평가 관련 정보

번호	제목	첨부	게시일	조회
6	업종별 직무평가도구 활용 매뉴얼(제약 업종)		2020/05/14	80
5	업종별 직무평가도구 활용 매뉴얼(IT 업종)		2020/05/14	95
4	업종별 직무평가도구 활용 매뉴얼(사회복지서비스 업종)		2020/05/14	43
3	업종별 직무평가도구 활용 매뉴얼(공공서비스 업종)		2020/05/14	108
2	업종별 직무평가도구 활용 매뉴얼(호텔 업종)		2020/05/14	36
1	업종별 직무평가도구 활용 매뉴얼(보건의료 업종)		2020/05/14	46

직무주의 인사관리의 주요한 특징은 체계성과 합리성이다. 이 체계성과 합리성을 갖추기 위해서는 관련 개념과 기준에 대한 명확한 정의와 근거 설정, 그리고 다양한 직무정보 수집 등이 이루어져야 한다. 그리고 이 과정은 기존 우리나라의 인사관리 방식과 비교했을 때 어렵고 복잡하다. 그러나 적재적소 속인주의 인사관리의 한계에 봉착해 직무주의 인사관리로의 전환을 시도하는 기업 및 기관에 이 정도의 노력은 필수적이며 이제 상당한 역량도 갖추어가고 있다. 적소적재 직무주의 인사관리의 도입이 미룬다고 될 일이 아니라면 바로 지금이 적기라 생각한다.

4
직무주의는 경직적이다

오해 4. 적소적재 직무주의가 도입되면 조직 내에서 인력의 유연한 운영이 불가능하다.
진실 4. 한국 사회와 기업에 필요한 유연성은 높은 수준의 전문성에 기반해야 한다.

"오케스트라를 구성할 때 각각의 악기를 잘 다룰 수 있는 연주자들이 모여야 합니다. 이 악기 저 악기를 조금씩 다룰 줄 아는 사람들만 있거나, 또는 훌륭한 지휘자들만 모여 있다고 해서 훌륭한 오케스트라가 되지 못합니다. 각자 맡은 악기의 명연주자들이 모이고, 한 사람의 훌륭한 지휘자가 모든 악기의 음향과 전체적인 연주 방향을 조율할 때 훌륭한 오케스트라가 될 수 있습니다."[12]

- 서울대학교 공과대학, 『축적의 시간』 중에서

지금까지 우리나라에서는 피아노, 바이올린 등 한 악기를 다루는 전문가로 인재를 육성하기보다는 많은 악기를 두루두루 다룰 수 있는 제너럴리스트(모든 분야에서 지식과 경험을 가진 사람)를 양성하는 방식으로 교육과 인사관리가 이루어졌다. 이 방법의 장점으로는 인력 운영의

12 서울대학교 공과대학. 2015. 『축적의 시간』. 지식노마드. 257쪽.

'유연함'을 꼽는다. 따라서 전문가를 양성하자는 직무주의 인사관리는 이러한 유연함이 부족하다고 주장할 수 있다.

이 오해에 대해서는 먼저 '유연'이라는 표현을 분명히 할 필요가 있다. '유연하다'는 단어가 어떠한 단어와 함께 쓰이는지에 따라 의미가 조금씩 달라지기는 하나, 핵심은 시기와 상황에 따라 선택할 수 있는 재량이 있는 경우를 의미한다. 그리고 이 유연하다는 단어는 속인주의 인사관리에서는 매우 넓은 범위에서의 인력 이동 또는 직무순환의 가능성을 의미하기도 한다. 이 유연성은 속인주의 인사관리 측면에서는 경기의 변동, 인력 유동, 사업 전략의 변화 등에 따라 현재 보유한 인력을 다른 직무로 이동시켜 활용하는 데서 얻을 수 있는 효율성과 새로운 직무를 수행하면서 쌓이는 지식, 정보, 노하우 등을 통해 여러 일을 두루두루 잘하는 제너럴리스트를 양성하는 측면 등에서는 장점도 존재한다.

그러나 넓은 범위에서의 직무순환과 이동의 장점도 있지만, 전문성이 축적되지 못한다는 단점은 최근의 환경에서는 매우 중요한 문제가 아닐 수 없다. 요즘은 일명 '덕후'*로 불리는 한 우물 파기의 장점이 부각되며 특정 분야에서의 전문성이 어느 때보다 귀한 자산으로 각광받는

* 일본어인 오타쿠(御宅)를 한국식 발음으로 바꿔 부르는 말인 '오덕후'의 줄임말로 뜻은 오타쿠와 동일하다. 초기에는 '집 안에만 틀어박혀 취미 생활을 하는, 사회성이 부족한 사람'이라는 의미로 사용되었다. 그러나 현재는 '특정 분야에 몰두해 전문가 이상의 열정과 흥미를 보이는 사람'이라는 긍정적인 의미로 사용된다(출처: 네이버 지식백과).

시기다. 이런 면에서 볼 때 아래 기상청의 예는 시사하는 바가 크다. 일기를 예보하는 예보관과 같이 전문성이 요구되는 직무를 2~3년 주기로 직무순환을 시켜 전문성이 누적되지 못한 현실을 어떻게 해석해야 할까?

> 기상청은 슈퍼컴퓨터를 도입해도 정작 이를 해석할 전문가가 없다는 지적이 잇따르자, 유능한 예보관 100명을 확충하겠다는 계획을 내놓았다. 기상청 관계자는 "전문성 있는 예보관이 10~20명에 불과해 내부인력만으로는 한계가 있다"고 말했다. 기상청의 예보관은 50여 명이지만 2~3년마다 자리를 옮기는 순환보직 탓에 전문성이 떨어진다는 지적이 해마다 반복됐다. 기상청은 이를 해결하기 위해 외부 공모를 통해 민간 예보관을 채용하는 한편, 내부적으로도 일정 기준을 통과한 사람만 예보관이 될 수 있는 자격제를 실시할 계획이다. 또 경력이 20년 이상인 퇴직 예보관을 자문관으로 위촉하기로 했다.[13]
>
> -《경향신문》 기사 중에서

공공기관과 공무원 조직 그리고 일반 기업에서도 2~3년 단위의 매우 광범위한 직무순환이 이루어지고 있으며 한때 그리고 빠른 경제성장에

---

13 「기상청, 슈퍼컴 사줬더니… 이제는 전문인력 달라」《경향신문》, 2016.08.29.

따른 시의적절한 대응 측면에서는 광범위한 직무순환이 긍정적으로 기여하기도 했다. 하지만 두루두루 잘하는 인재가 필요한 시기와 필요한 분야가 있을 수 있는 것과 마찬가지로 특정 분야에서의 전문성이 요구되는 시기와 분야 역시 존재한다.

지금까지 직무주의 인사관리는 인력 운영에 있어 유연성이 떨어진다는 주장에 대해 알아봤다. 이때의 유연성은 광범위한 직무순환 가능성에 초점이 맞추어진 해석이라 할 수 있다. 오히려 직무를 수행하는 사람 관점에서 보면 일방적인 직무순환이 아닌 자신의 역량과 관심, 경력 단계 등에 따라 선택의 폭이 넓은 것은 직무주의 인사관리에서의 인력 운영 방식이라 할 수 있다.

해당 부문의 단계별 직무 승진(연차가 되면 자동으로 승진이 되는 것이 아니라 단계별 기준이 충족되어야 다음 직무 단계로 상승하는 것을 의미한다)을 통해 해당 분야의 전문가로 성장할 수 있다. 이제는 전문성을 갖추기 위한 인사관리의 중요성을 강조함과 동시에 한 분야의 전문성보다 지나치게 박학다식 또는 만능 엔터테이너와 같은 인재에 기대지 않았나 돌이켜 생각해보아야 한다.

5
서양에서도 폐기한 직무주의

오해 5. 적소적재 직무주의는 이미 서양에서도 폐기한 인사 시스템이다.
진실 6. 글로벌 기업들은 직무주의에 기반하고 있고, 이로부터 진화, 발전하고 있다.

직무주의 인사관리를 반대하는 논리 가운데 하나가 서양에서도 직무주의 인사관리를 버리고 역량과 같은 속인주의적 특징에 대한 논의가 이루어지고 있다는 주장이다. 이 주장 역시 일부는 맞고 일부는 틀리다. 서양에서도 동양적인 속인주의 인사관리와 임금체계에 대한 관심이 증대된 것은 사실이나 직무주의 인사관리를 버리거나 폐기했다는 주장은 사실이 아니다.

서양에서는 1911년 프레더릭 테일러(Frederick Taylor)의 『과학적 관리법』에서 직무분석이 경영학 문헌에 등장하면서부터 자연스럽게 직무가 인사관리를 위한 기초 단위로 적용됐다.[14] 테일러의 과학적 관리법(Scientific Management)에서는 최적의 생산 방식과 생산성을 추구하기 위해 사람의 행동과 동선을 매우 상세하고 작은 단위로 구분한다. 그리

---

14 Ash, R. 1988. Job analysis in the world of work. In S. Gael(Ed.), *The job analysis handbook for business*(pp. 3-13). New York: John Wiley and Sons.

고 그 단위에 적정 시간을 대입해 사람들의 행동과 동선을 관리한다. 직무주의 인사관리에 대한 대표 이미지 중 하나가 이러한 테일러의『과학적 관리법』에 의해 형성되었을 것이다.

"과거에는 사람이 제일 중요했다. 그러나 미래에는 시스템이 더 중요해질 것이다. 물론 뛰어난 재능이 있는 사람도 필요하다. 다만, 일류 인재는 인재 육성을 최우선 목표로 하는 우수한 경영시스템 아래서 길러져야 한다. 체계적인 경영시스템이 정착된 곳에서 일하는 유능한 인재는 과거보다 더 빠르고, 더 높이 승진하며 기업의 핵심적인 일을 담당할 것이다.

이 책을 쓴 이유는 다음과 같다. 첫째, 일상생활에서 우리가 흔히 볼 수 있는 비효율적인 행동 때문에 얼마나 큰 손해가 발생하는지 사람들에게 알리기 위해서다. 둘째, 완벽하고 뛰어난 인재를 찾는 것보다 체계적인 관리시스템을 만드는 것이 낭비를 줄이는 더 좋은 방법이라는 것을 설명하기 위해서다. 셋째, 명확한 법칙과 규정, 원리를 기초로 한 과학적 관리법이 가장 좋은 경영 방식이라는 것을 증명하기 위해서다."

- 프레더릭 테일러,『과학적 관리법』서문 중에서

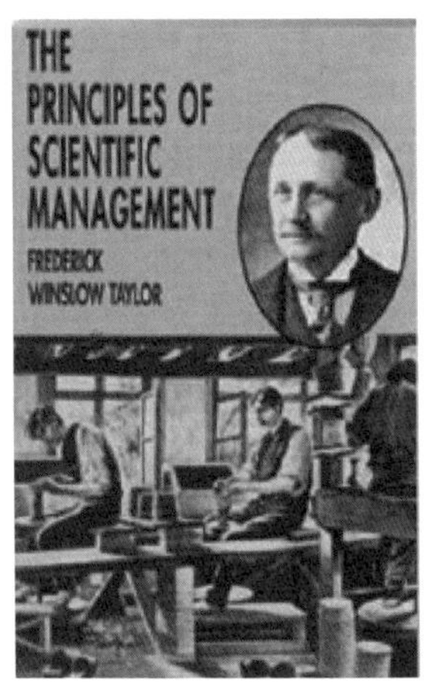

[그림 2-3] 프레더릭 테일러의『과학적 관리법』표지

앞의 그림은 『과학적 관리법』의 표지와 서문 중 일부다.[15] 직무주의 인사관리에 대해 일반인들이 갖는 대표적인 스키마(Schema) 또는 스냅샷일 것이다. 그리고 과학적 관리법에서 직무를 관리하는 방식 역시 많이 변화했기 때문에 서양에서는 폐기된 인사관리로 이해하는 경우도 있을 것이다. 그러나 100년 넘는 시간 동안 서구의 직무주의 인사관리는 진화하며 보완하는 과정을 거쳐 왔다.

직무를 보는 관점도 시대별로 진화하고 있다. 과학적 관리법이 지배적이었던 시대에는 직무를 매우 상세하게 분석하고 또 분석했다. 이 시기에는 직무의 하위 단위인 과업(task)이 아니라 과업보다 한 수준 아래인 요소(element)까지 분석하고 정리했다. 예를 들어, 선반을 만드는 선반공의 직무 중 과업은 '나무를 자른다', '못을 박는다'일 것이다. 그런데 요소 수준까지 내려가면 나무를 어떤 각도로 잘라야 최단 시간에 자를 수 있는지, 그리고 못과 망치를 잡는 방법까지도 상세하게 분석한다.

그런데 너무 상세한 관점에서 직무를 분석하고 관리에 활용하다 보니 한계가 생겨 보다 상위 수준에서 직무를 분석하게 되었다. 그리고 '일'과 함께 '사람'에 대한 분석의 필요성이 생기면서 직무 범위에 '직무수행자'와 관련된 부분들이 포함된다. 매우 간략하고 압축적으로 서술했으나 이 과정은 1911년 이후 1970~1980년대에 이르기까지 오랜 기간에

---

15 프레더릭 테일러. 2016. 『과학적 관리법』. 모디북스.

걸쳐 진행되었다. 즉, 서양의 직무주의 인사관리는 폐기 또는 실패한 인사관리가 아니라 지속적으로 더 나은 방향을 모색하며 개선하고 보완 과정을 거쳤다고 보는 것이 보다 정확하다.

다국적 기업들이 세분화된 직무급에서 역량급으로 전환하려는 노력도 있었다. 예를 들어, IBM이나 GE 등의 다국적 기업들이 30~40개의 직무등급을 10개 내외로 축소하면서 각 등급을 역량 밴드라는 명칭을 사용했다. 그러나 그 속을 좀 더 들여다보면 직무를 버린 것이 아니라 여

[그림 2-4] IBM의 역량등급제

<table>
<tr><th>역량등급</th><th>역량정의</th><th colspan="5">직군별 Career Path</th></tr>
<tr><td>Band 10</td><td>사업부 단위의 전략을 이끌 수 있는 역량</td><td></td><td></td><td></td><td rowspan="4">관리</td><td rowspan="5">전문가</td></tr>
<tr><td>Band 9</td><td>전략적 의사결정에 참여할 수 있는 역량</td><td></td><td></td><td></td></tr>
<tr><td>Band 8</td><td>팀 단위 조직의 목표나 기술을 가이드할 수 있는 역량</td><td></td><td></td><td></td></tr>
<tr><td>Band 7</td><td>독자적으로 팀이나 부서의 목표 달성에 기여할 수 있는 역량</td><td></td><td></td><td></td></tr>
<tr><td>Band 6</td><td>개인의 목표 달성에 기여하거나 전문가적인 자질을 개발할 수 있는 역량</td><td></td><td></td><td></td><td></td></tr>
<tr><td>Band 5</td><td>기술적 지원을 리드할 수 있는 역량</td><td></td><td rowspan="5">행정 지원</td><td rowspan="5">기술 지원</td><td></td><td></td></tr>
<tr><td>Band 4</td><td>과업에 우선순위를 설정하거나 방법론을 선택할 수 있는 역량</td><td rowspan="4">생산</td><td></td><td></td></tr>
<tr><td>Band 3</td><td>주어진 범위 내에서 과업을 선택할 수 있는 역량</td><td></td><td></td></tr>
<tr><td>Band 2</td><td>복수의 반복적인 업무를 수행할 수 있는 역량</td><td></td><td></td></tr>
<tr><td>Band 1</td><td>단순한 과업을 수행할 수 있는 역량</td><td></td><td></td></tr>
</table>

전히 직무가 근간이 되고 있다. 다음 [그림 2-4]에서 보는 것처럼 직군별로 경력 경로가 차이가 있고, 그림에서 나타나지는 않지만 직군 내에서도 직무별로 경로의 차이가 있다. 또한 직무의 상대적인 가치를 고려해 등급을 정하고 있다(이 내용은 9장에서 상세하게 다룬다).

따라서 서양의 인사관리는 직무라는 기준을 배제한 채 새로운 기준으로 이동한 것이 아니라 이전의 직무정보와 관리 방식을 토대로 변화하는 환경의 필요에 따라 보다 효과적인 관리를 위해 범위를 확장하거나 새로운 관점을 도입해 인사관리에 활용했다고 보는 것이 옳다. 직무주의 인사관리는 서구에서 폐기된 인사관리 시스템이 아니다. 여전히 직무주의 인사관리의 근간은 직무이며 이 직무를 보다 유연하고 확장해 해석하는 방법을 모색하고 있다. 또한 '사람'에 대한 특성에도 관심을 갖고 인과 사의 균형을 갖추는 과정이라 할 수 있다.

6
직무급으로 변경하면 임금이 삭감된다

오해 6. 직무급으로 변경하면 임금이 삭감될 것이다.
진실 6. 직무급에서도 역량과 숙련에 의한 임금 인상은 중요하며, 임금삭감은 불법이다.

결론부터 말하면 임금체계가 직무급으로 바뀌어도 현재 임금보다 감소할 수는 없다. '근로기준법 제94조'에 의하면 취업규칙의 불리한 변경은 불가능한데 종전보다 근로조건을 낮추는 것은 불리한 변경에 해당한다. 따라서 직무급을 도입하더라도 기존에 받던 임금수준은 유지된다.

근로기준법 제94조(규칙의 작성, 변경 절차)

① 사용자는 취업규칙의 작성 또는 변경에 관하여 해당 사업 또는 사업장에 근로자의 과반수로 조직된 노동조합이 있는 경우에는 그 노동조합, 근로자의 과반수로 조직된 노동조합이 없는 경우에는 근로자의 과반수의 의견을 들어야 한다. 다만, 취업규칙을 근로자에게 불리하게 변경하는 경우에는 그 동의를 받아야 한다.

② 사용자는 제93조에 따라 취업규칙을 신고할 때에는 제1항의 의견을 적은 서면을 첨부하여야 한다.

이러한 우려와 오해는 직무급의 목적을 정확히 파악하지 못한 데서 비롯된다. 직무급의 궁극적 목적은 임금을 삭감하는 데 있는 것이 아니라 직무의 가치에 따라 공정한 임금을 책정하기 위함에 있다. 미국의 경우 각종 차별금지법이 적용되면서 법원이 기업이 근로자를 차별하지 않았다는 판단 기준을 동일노동 동일임금의 원칙에서 찾으면서 직무평가와 직무급을 정착시켜 나갔다. 직무급은 자신이 하는 일에 대한 책임 범위를 명확히 함으로써 사용자가 자의적으로 판단하고 평가할 여지를 줄이기 때문에 미국에서 직무급은 노동조합의 동의하에 진행되었다는 사실[16]도 강조하고 싶다.

공정한 임금의 기본적인 원리는 '동일노동 동일임금(equal pay for equal work)'으로 동일한 노동을 하면 동일한 임금을 제공하는 것이다.[17] 이를 다른 표현으로 바꾸면 다른 노동 다른 임금이다.[18] 즉, 공정한 임금이란 동일한 노동에는 동일한 임금을 주어야 하고 다른 노동에는 다른 임금을 주어야 한다는 것이다. 다음 페이지의 그림은 연공급의 호봉 테이블과 직무급의 임금등급을 비교한 것이다. 68페이지의 호봉 테이블은 우리에게 매우 익숙한 구조일 것이다.

연공급에서는 근속연수가 증가함에 따라 자동으로 호봉이 쌓이고 기본급이 상승한다. 반면 직무급의 경우 직무 가치에 따라 임금이 결정되며 기본급이 근속연수에 따라 자동으로 상승하는 구조가 아니다. 보다 더 어려운 직무를 수행하게 되거나 직무의 승진이 있을 경우, 예를 들어 임금등급 1에서 임금등급 2로 이동하는 경우에 기본급이 상승하는 구조다.

---

16 경제사회발전노사정위원회. 2016.『임금체계 개편의 대안 모색』71쪽.

17 유규창. 2018.「공정한 임금체계와 직무평가」『노동리뷰』9월호. 40-53쪽.

18 Patten Jr. T. H. 1988. *The managerial challenge of comparable job worth and job evaluation.* San Francisco, CA: Jossey-Bass Inc.

[그림 2-5] 연공급과 직무급

연공(호봉)급

호봉 \ 직급	1급	2급	3급	4급	5급
1		2,864	2,419	2,146	2,122
2		2,925	2,473	2,171	2,137
3		2,991	2,540	2,237	2,153
4		3,055	2,602	2,284	2,173
5		3,111	2,663	2,346	2,203
6		3,263	2,880	2,486	2,231
7		3,347	2,887	2,574	2,311
8		3,439	2,976	2,647	2,383
9		3,520	3,066	2,734	3,468
10		3,617	3,155	2,810	2,539
11		3,705	3,241	2,906	2,633
12		3,763	3,288	2,943	2,674
13		3,810	3,334	2,999	2,727
14		3,886	3,393	3,045	2,769
15		3,918	3,441	3,094	2,817
16	4,330	3,969	3,488	3,143	2,868
17	4,378	4,017	3,559	3,206	2,941
18	4,426	4,074	3,629	3,271	3,001
19	4,491	4,122	3,684	3,324	3,053
20	4,558	4,177	3,740	3,373	3,102
21	4,645	4,245	3,813	3,441	3,167
22	4,702	4,301	3,868	3,494	3,221
23	4,754	4,354	3,924	3,543	3,270
24	4,803	4,391	3,976	3,596	3,323
25	4,852	4,451	4,023	3,639	3,369
26	4,913	4,506	4,070	3,697	3,419
27	4,953	4,562	4,132	3,750	3,438
28	4,988	4,619	4,144	3,776	3,473
29	5,047	4,675	4,182	3,811	3,525
30	5,099	4,730	4,238	3,867	3,575
31		4,787	4,293	3,924	3,633

단위 : 천 원

직무급

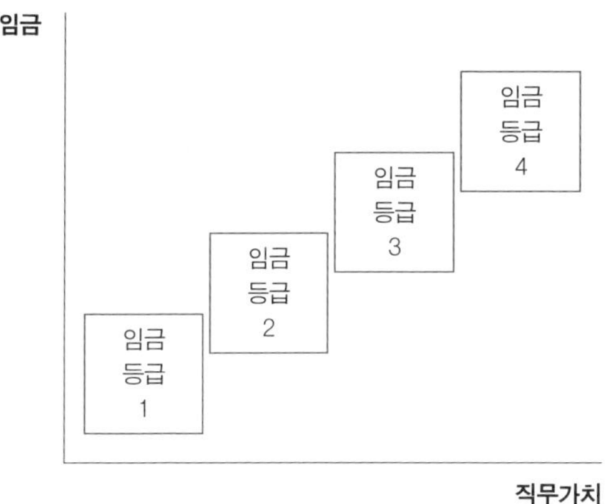

따라서 직무급을 도입하면 임금이 삭감된다는 주장은 연차에 따른 호봉의 자동 상승이 직무급에서는 이루어지지 않는다고 해석하는 것이 보다 정확하다. 지금의 호봉제를 유지하면 호봉의 자동 상승으로 인한 임금 인상이 이루어지는데 직무급으로 변경하면 이 부분에 대한 확실성이 사라지기 때문이다. 그러나 같은 일이나 유사한 일을 하는데 30호봉인 사람이 할 경우와 2호봉이 하는 경우, 다른 임금을 받는 상황을 공정하다고 할 수 있을까? 숙련이 중요한 것도 사실이나 숙련의 향상도 시간(또는 호봉)과 반드시 비례하지 않을 수 있다.

같은 일을 하는데 여성과 남성의 임금이 다르게 책정되는 경우, 정규직과 비정규직의 임금이 다르게 책정되는 경우 역시 마찬가지다. 동일한 노동인데 동일한 임금을 제공하지 않기 때문에 이 경우 모두 불공정하다. 같은 5호봉이지만 A라는 사람은 매우 많은 그리고 중요하고 어려운 업무들을 수행하고 있다. 하지만 B라는 사람은 누가 봐도 쉬운 업무를 하며 업무량마저도 적다. 그런데 같은 호봉의 임금을 받는 경우는 동일하지 않은 노동인데 동일한 임금을 받는 경우다. 이 경우 역시 불공정한 상황이다.

직무급에서도 숙련은 중요하다. [그림 2-5]에서처럼 대부분의 직무급이 범위를 정하는 이유는 동일한 직무를 수행해도 경험의 축적과 숙련의 향상은 직무수행 결과에 영향을 주기 때문이다. 근로자 입장에서도 역량 향상은 일에서의 보람과 성취감과 관계가 있기 때문이다. 직무급을 비판하면서 단일직무급을 예를 드는 것은 바람직하지 않다. 속인주의 연공급처럼 30호봉이나 40호봉처럼 늘어나지는 않지만 직무급에서도 경험과 숙련에 따라서 임금은 상승한다. 다만, 숙련 향상이 더 이상 이루어지지 않으면 빠른 임금 인상은 이루어지지 않는다. 여기서 더 많은 임금을 받으려면 더 가치가 높은 직무로 이동해야 한다.

3장

일, 노동, 직무

적소적재 직무주의 인사관리는 적재적소의 관행이 일과 사람의 지나친 불균형을 초래하기 때문에 이를 바로잡으려는 데서 나온 방안이다. 적소적재 직무주의 인사관리를 도입하기 위해서는 사람에 대한 이해 못지않게, 어쩌면 더 중요하게 일에 대한 이해가 필요하다. 여기에서 다루고자 하는 주제는 '조직'이라는 범위에서 일을 이해하는 것이다.

1
일과 노동

일(work)이란 무엇인가? 미국 시카고에 있는 로욜라대학(Loyola University)의 철학교수인 알 지니(Al Gini)는 『일이란 무엇인가』라는 책에서 일의 과거, 현재 그리고 미래에 대해 포괄적으로 다룬다.[19] 일을 에덴동산에서 쫓겨난 '아담이 받은 저주'로 여기는 관점에서부터 청교도 정신의 노동윤리에 이르기까지 서양에서 고민하고 논의되었던 일의 의미를 잘 정리하고 있다. 어떤 관점에서 바라보든 인류가 일에 대해 갖는 공유된 명제는 '인간만이 일을 하므로 일은 인간의 징표'라는 점이다

인간만이 하는 그 일을 우리는 일상적으로 실행하고 대화의 주제로 삼는다. '집안일이 많다', '일하러 가야 한다', '할 일이 있다', '일자리를 찾아야 한다' 등 우리는 늘 일 속에 살고 있다. 그야말로 다양한 영역에서 일이라는 단어를 사용하고 있다. 가장 포괄적인 정의는 '인간이 삶을 영위하기 위해 행하는 모든 생계 활동'일 것이다.

일과 유사하면서도 다소 협소하게 사용하는 용어 중에 노동(labor)이라는 단어가 있다. 노동은 일보다는 경제활동의 의미가 있고, 고되고 불편하지만, 생활을 위해서는 어쩔 수 없이 해야 한다는 뉘앙스를 내포하

---

19 알 지니. 2000. 『일이란 무엇인가』. 들녘코기토.

고 있다. 일과 노동의 차이를 살펴보면 일은 생활 수단인 노동에 덧붙여 즐거움이나 취미를 위한 활동이나 혹은 가사 노동과 같은 간접적인 경제활동까지 포함하고 있다. 즉, 노동보다는 일이 더 포괄적인 개념이다.

직무(job)라는 용어도 일이나 노동과 함께 일반적으로 사용된다. "너 잡 잡았어?"라고 하는 경우에는 직업(occupation)의 의미로 사용된다. 일상생활에서 '일'이라는 뜻으로 'job'이라는 용어를 사용한다면 직업이라는 의미로 사용되는 경우가 더 많을 것이다. 한국에서 직업이라는 뜻으로 사용하는 경우, 직무라는 단어보다는 잡(job)이라는 영어 용어 그대로 사용하기도 한다. 종교적으로도 '직무'라는 말을 사용하는데 특히 기독교 전통에서 이 직무는 신에게 부여받은 임무를 가리킨다. 반면 좁은 의미로서의 직무는 '작은 조각'의 중세영어 단어인 'gobbe'에서 파생되어 'jobbe'가 되었다가 'job'으로 변했다.[20] 직업상 책임을 지고 담당하게 된 일의 범위를 나타내기 위해 사용된 것으로 여겨진다.

일, 노동, 직무에서는 일이 가장 포괄적인 의미를 내포하고 있고, 다음으로 노동 그리고 직무 순서다. 그런데 노동이나 직무도 어떤 상황에서 사용하는지에 따라 다양한 의미가 있다. 이 책에서 다루고자 하는 '일'은 조직 내에서 인사관리 목적으로 사용되는 직무로 한정한다. 직무라는 용어를 한정되게 사용하기 때문에 보다 엄밀한 정의가 필요하다.

---

20 알 지니. 같은 책. 2000. 42쪽.

2
조직에서의 직무

직무는 자연발생적인 측면과 조직의 의도에 의해 만들어진 개념으로서의 측면을 모두 포함한다. 먼저 자연발생적인 면에서는 일의 분업(division of work)과 관련이 있다. 분업은 인류 진화의 산물이다. 한때 원시사회에서 모든 생산 활동 과정을 한 사람이 감당하던 시절도 있었지만, 인류가 공동체 사회에 정착하면서 사람마다 다른 전문적인 일을 분업하는 것이 훨씬 효율적이라는 것을 알게 되었다. 자연스럽게 각종 도구나 생활에 필요한 물품의 생산을 전담해서 맡는 수공업자들이 생겨났고 생산성이 비약적으로 증가했다. 이들 전문 수공업자들의 일, 즉 직무가 탄생한 것이다. 이때는 직무가 곧 직업이다.

두 번째로 의도적인 측면은 일의 조직화(organization of work)와 관련이 있다. 앞서 일의 분업을 사회 전체적인 차원에서 논의했다면 일의 조직화는 하나의 조직이나 기업 내부에서의 분업을 말한다. 이에 대한 고전적인 설명이 애덤 스미스의 핀 공장 사례다.

> "노동생산력을 최대로 개선하고 증진시키는 것은, 그리고 노동할 때 발휘되는 대부분의 기능·숙련도·판단은 분업의 결과였다. 분업이 전혀 이루어지지 않는 핀 공장에서는 노동자 한 명이 하루에 핀 20개도 못 만들지만, 철사를

늘리고, 펴고, 자르고, 구부리는 등 모두 18공정으로 나누어 분업이 이루어지는 핀 공장에서는 노동자 한 명이 하루 평균 4,800개의 핀을 만들 수 있다. 분업 덕분에 노동생산성이 240배 증가한 것이다."[21]

_이근식, 『애덤 스미스의 국부론』 중에서

물론 애덤 스미스는 노동시장 전체의 분업과 개별 기업 내부에서의 분업에 대한 구분을 엄밀하게 하지는 않았다.[22] 아마도 애덤 스미스가 이러한 고민을 할 때가 산업혁명으로 인해 현대적인 의미의 대기업이 만들어지고 이들 대기업 내에서 조직 내의 분업이 막 일어나기 시작했기 때문일 것이다.

산업혁명은 기술의 혁명이기도 하지만 조직의 혁명이기도 했다. 기술 발전으로 촉발된 대량생산 방식은 많은 인력을 조직에 들여올 필요가 있었다. 이로 인해 체계적인 조직 관리가 필요했음은 말할 필요도 없다. 현대적인 의미의 경영과 인사관리가 시작된 것이다. 기술 발전만으로는 획기적으로 생산성 증가가 이루어지지 않는다. 원자재를 가공하고 최종 제품을 만들어내는 조직의 과정이 없다면 기술의 발전은 무용지물이 된다.

---

21 이근식. 2018. 『애덤 스미스의 국부론』. 쌤앤파커스.

22 김은환. 1991. 『기업 진화의 비밀』. 삼성경제연구소. 김은환은 아담스미스가 조직 내 분업과 조직 간 분업의 차이에 대해 잘 이해하지 못했을 것으로 추정했다(155-157쪽).

일의 조직화는 바로 직무의 생성 및 설계와 같다. 이때부터 일반적으로 사용되는 직무와 조직에서 사용하는 직무 간의 뉘앙스의 차이가 생긴다. 조직 내에서의 직무는 설계자, 즉 경영자가 의도를 가지고 한 사람이 수행하는 작업의 범위를 지정하기 위해 사용되는 용어가 된다. 애덤 스미스가 예를 든 핀 공장에서는 18개의 공정이 있는데 전에는 한 사람이 이를 모두 수행했다면, 분업으로 한 사람이 수행하는 직무의 범위를 각각의 공정으로 정한 것이다. 다시 말해 18개의 직무가 생성된 것이다.

다른 방법은 없을까? 물론 있다. 18개 공정이 너무 세분화되어 있어서 직원들이 지루하고 힘들게 된다. 애덤 스미스의 공장에서는 '철사 늘리기' 직무를 수행하는 직원은 온종일 철사만 늘려야 한다. 이러다 보면 영화 〈모던 타임스〉에 나오는 찰리 채플린처럼 정신 이상이 올 수도 있다. 경영자가 처음 생각했던 것 보다 효율성이 떨어질 수 있기도 하고 너무 비인간적이다. 경영자는 18개 공정을 6개의 직무로도 설계할 수 있다. 3개의 공정을 하나의 직무로 묶어서 업무를 배분한 것이다. 그럼 이제부터 '철사를 늘리고, 펴고, 자르기'라는 직무가 생성된 것이고, 이 직무를 한 사람이 수행하도록 할당하게 된다.

2장에서도 설명했지만 현대적 기업에서 직무에 대한 체계적인 관리가 획기적으로 이루어지고 발전하는 계기는 프레더릭 테일러의 과학적 관리법의 등장에 있다. 테일러는 과학적 관리법의 기본 철학을 다음과 같이 시작한다.

"과학적 관리법은 고용주와 노동자 모두가 최대 번영을 이루는 것을 기본 목적으로 한다. 최대 번영이란 넓은 의미로, 생산과정의 각 요소가 최고 수준의 생산 효과를 내면서 회사나 고용주가 큰 이익을 얻는 것은 물론, 영원히 그 번영을 누리게 된다는 것을 뜻한다. 노동자의 최대 번영 역시 노동자가 같은 계층의 노동자들에 비해 높은 임금을 받을 뿐 아니라, 작업효율을 최대한 높임으로써 그들이 가지는 능력을 모두 발휘해 노동의 수준을 최고로 끌어올리는 것을 뜻한다. 노동자 개개인이 가능한 최고 수준의 업무를 할당받는 것을 의미하기도 한다."[23]

- 프레더릭 테일러, 『과학적 관리법』 중에서

과학적 관리법의 기본 요체는 직무에 대한 상세한 분석에 있다. 단순한 분업을 넘어서서 가장 효율적으로 과업을 수행하기 위한 고민을 하기 시작한 것이며 이후 현대적인 의미의 경영(management)이 시작되었다. 과학적 관리법을 통해서 오늘날까지 통용되고 있는 직무분석(job analysis), 직무평가(job evaluation), 직무할당(job assignment) 등의 직무관리의 각종 방법론이 개발되었다.[24] 직무는 이후 채용, 훈련, 배치, 전환, 승진, 개발, 해고 등 모든 적소적재 직무주의 인사관리의 기본 단위가 된다.

---

23 프레더릭 테일러. 1911. 『과학적 관리법 (방영호 번역, 2010년)』. 21세기북스. 24쪽.

지금까지 직무가 인사관리의 핵심 요소로 자리 잡기까지 과정을 설명했다. 직무를 잘 이해하기 위해서 직무라는 단어가 자연발생적이기도 하지만, 조직의 의도에 의해 만들어진 개념이라는 점에 주목해야 한다. 현대적인 기업에서 사용하는, 즉 이 책에서 사용하는 직무는 경영과 관리의 목적으로 만들어진다.

그런데 만들어졌다는 것은 어떤 의미인가? 그리고 누구에 의해 어떤 목적으로 만들어졌다는 것일까? 직무가 만들어졌다는 것은 조직이 만들어졌다는 것과 같은 말이다. 모든 조직은 목적을 가지고 만들어진다. 가장 단순한 조직의 정의는 '두 사람 이상이 모여 특정한 목적을 달성하기 위해서 만들어진 집합체'다. 특정한 목적을 달성하기 위해 계획을 하고 자원을 확보하고 계획한 일을 실행에 옮긴다. 이처럼 조직의 목적을 달성하기 위한 모든 과정에는 일련의 작업(task, 과업)이 필요하다. 핀 공장도 조직이다. 핀 공장에서는 핀을 만들어 판매하는 것이 목적이다. 애덤 스미스의 핀 공장에서 철사를 늘리고, 펴고, 자르고 구부리는 작업이 필요하다.

조직에서 필요한 작업은 사람이 수행한다. 물론 기계나 동물의 힘을 빌려서 수행할 수도 있으나 이 책에서 다루는 것은 사람이 수행하는 부분을 다룬다. 그래서 조직에서 필요한 여러 작업 가운데 한 사람이 주어

---

24 여기서는 직무(job)와 과업(task)을 혼용해서 사용하고 있다.

진 시간 동안 수행할 수 있는 작업(혹은 과업)을 정해놓고 이를 직무라고 한다. 요약하면 직무는 다음과 같이 정의할 수 있다.

직무
조직에서 한 사람이 수행하는 과업들의 집합(묶음)

이 정의를 좀 더 풀어서 설명하면 직무의 특징은 다음과 같다. 첫째, 직무는 한 사람이 수행하는 또는 수행하기를 원하는 과업들을 말한다.

둘째, 직무 담당자가 수행해야 하는 과업의 범위는 조직에서 정한다. 즉, 조직마다 직무의 범위가 다를 수 있다. 예를 들어, 어떤 핀 공장에서는 철사 '자르기'를 하나의 직무로 정할 수 있다. 반면 다른 핀 공장에서는 철사 '자르기와 구부리기'를 하나의 직무로 정할 수 있다. 조직마다 직무가 달라지는 데에는 조직의 규모, 철학, 문화, 가치관, 관행 등 여러 가지 요인이 있을 수 있다.

셋째, 한 사람이 수행한다고 해서 오직 한 사람만이 그 직무를 수행하는 것은 아니다. 하나의 직무를 여러 사람이 맡아서 할 수 있다. 예를 들어, 핀 공장에서 '자르기' 직무를 10명이 할 수도 있고, 큰 공장이라면 100명이 수행할 수도 있다.

넷째, 그렇다면 한 사람은 하나의 직무만 수행할까? 그렇다. 종종 이 부분을 오해해서 한 사람이 여러 개의 직무를 수행할 수 있는 듯이 기술한 책들도 있다. 이는 과업을 직무로 오해한 것이다. 핀 공장의 예에서 자르기와 구부리기를 한 사람이 수행한다고 했을 때 그 직무는 '자르기와 구부리기' 하나의 직무다. 즉, 그 공장에서는 '자르기와 구부리기'를 한 직무로 규정한 것이다. 여러 가지 과업이 포함된 직무인 것이다. 이를 두 개의 직무를 수행하고 있다고 표현하면 안 된다. 직무에 대한 정의 첫 번째가 '한 사람'이 수행하는 과업들의 집합이었음을 분명하게 하자.

일시적으로 예외가 발생할 수 있다. 예를 들어 '자르기' 직무와 '구부리기' 직무를 구분하는 핀 공장이 있다고 가정해보자. 그런데 '자르기' 직무를 수행하던 사람이 갑자기 사정이 생겨 '구부리기' 직무를 수행하던 사람이 '자르기' 직무까지 잠깐 맡아서 하게 되었다. 이 경우에는 일시적으로 두 개의 직무를 한 사람이 수행하게 된다. 이는 한시적으로만 해당한다. 만약 '자르기' 직무를 수행하던 사람이 퇴사를 한다면 어떻게 될까? 당연히 '자르기' 직무를 수행하는 사람을 새롭게 채용해야 한다. 그렇지 않고 '구부리기' 직무를 수행하던 사람이 '자르기' 직무까지 지속해서 맡게 되었다면? 이 경우에는 직무의 범위를 재정의해야 한다. 이제 '자르기와 구부리기'가 하나의 직무가 된 것이다.

이 네 가지 직무의 특징은 이해하기 어렵지 않다. 속인주의 인사관리를 하는 기업에서도 어느 정도는 직무관리를 하고 있기 때문에 여기까지 크게 차이가 나지 않을 수 있다. 그런데 다음 두 가지는 직무의 특징 중에서도 핵심적이면서도 속인주의에 익숙한 우리에게 조금 낯설다.

다섯째, 직무에서 수행하는 과업의 범위는 사전에 정해진다. 한번 정한 뒤 특별한 사정이 없으면 그대로 유지된다. 서양 학자들은 이를 '준안정적(quasi static)'이라고 표현하다.[25] 사전에 정해지기 때문에 모든 적소적재 직무주의 인사관리가 직무기술서에서 시작된다. 그렇다고 과업의 범위가 영구불변하는 것은 아니다. 환경의 변화에 따라 직무의 내용이 바뀐다면 이 변화를 반영해야 한다.

여섯째, 직무는 객관적으로서 직무를 수행하는 사람과 독립적(independent)으로 정의된다. 이것은 다섯 번째 특징인 사전에 정해진다는 것과 관련이 있다. 직무의 범위가 사전에 정해지되 직무를 수행하는 사람의 능력에 따라 가변적인 것이 아니라 특정 개인의 능력과 관계없이 독립적으로 정해진다는 것이다. 사람마다 능력이나 조건이 다르므로 사람에 맞춰서 직무 범위를 정하는 것이 더 합리적이라고 반문할 수 있다. 이렇게 생각한다면 바로 속인주의에 익숙해져 있기 때문이다.

물론 직무주의와 속인주의는 각각 장단점이 있다. 다만 적소적재 직무주의를 이해하기 위해서는 직무주의가 정리되기까지 여러 가지 많은 철학적, 논리적, 경험적 배경들이 있음을 이해해야 한다. 그중 대표적인 것이 분업의 원리, 일의 표준화, 그리고 직무 적합성이다.

---

25 Ilgen, D.R. & Hollenbeck, J.R. 1991. The structure of work: job design and roles. ***Handbook of Industrial and Organizational Psychology*** (Begrman, M Eds), pp. 165-207. Consulting Psychologists Press: Palo Also, CA.

분업의 원리. 직무주의는 분업의 원리에서 시작되었다. 아무리 능력이 출중하다고 해도 혼자서 모든 것을 다하는 것은 능력이 모자란 사람이라 하더라도 나누어서 일을 하는 것에 비해 생산성이 떨어진다. 능력이 출중한 사람들을 찾는 것보다 분업의 설계를 잘하는 것이 더 중요하다. 분업 설계를 잘한다면 능력이 좀 부족해도 자신이 맡은 일만 잘 수행해서 조직에 기여할 수 있다.

일의 표준화. 사람에 따라 일을 배분하는 것이 효율적인 것처럼 보이지만, 장기적으로는 일의 표준화가 더 효과적이다. 표준화는 곧 전문화와 관련이 있다. 사람의 능력이나 조건에 따라 일을 분배하면 일의 표준화가 되지 않는다. 일의 표준화가 되지 않으면 분업을 할 수 없다. 일의 표준화가 되면 자신이 맡은 일에 대해 전문성이 생긴다. 전문성이 생긴다면 다른 여러 가지 능력을 갖춘 사람보다도 해당 직무에 대해서만큼은 누구보다도 더 일을 잘할 수 있게 된다.

직무 적합성. 사전에 정의한 직무를 수행하기에는 여러 가지로 너무나 뛰어난 사람이 있다고 가정해보자. 직무주의는 그 사람을 위해 직무의 내용을 수시로 바꾸는 것이 아니라, 그 사람이 해당 직무에는 적합하지 않다고 판단한다. 그 사람은 다른 직무, 즉 그 사람의 출중한 능력에 맞는 더 어렵고 중요한 직무를 수행하는 것이 조직을 위해 더 바람직하다.

3
직무와 역할

직무와 유사한 용어 가운데 우리가 주목할 만한 것이 역할이다. 직무주의 인사관리의 대안으로 일본에서 거론되어 한국에도 소개되었고, 또한 일부 대기업에서 도입되고 있는 것으로 알려진 것이 역할중심 인사관리다. 역할이 직무의 대안으로 여겨지기 때문에 직무와 역할의 차이가 무엇인지 이해할 필요가 있다.

먼저 역할(role)의 사전적인 의미는 '주어진 사회적 지위와 위치에 따라서 개인에게 기대되는 행동'이다(출처: 두산백과사전). 역할은 본래 연극에서 유래되었다고 한다. 맡은 배역에서 해야 할 인물의 특징을 대사나 행위로 표현하는 것을 역할이라 불렀을 것이라고 유추한다. 역할을 조직의 관점에서 보면 주어진 자리(직위, position)에서 수행할 것으로 기대되는 행동이라고 할 수 있다. 자리 또는 직위를 직무로 바꾸어도 크게 상관없다. 역할은 다음과 같이 정의할 수 있다.

역할
조직에서 직무 담당자가 맡은 직무를 수행할 것으로 기대하는 행동

이 정의에 비추어 보면 역할은 직무의 하위 개념이라고도 할 수 있다.

기업에서 '역할과 책임' 혹은 'R&R(role & responsibility)'이라는 표현을 많이 사용하는데, 만약 어떤 사람이 조직에서 기대되는 역할과 책임을 맡고 있다면, 바로 특정 직무를 맡고 있는 것이다. 앞서 직무를 '조직 내에서 수행하는 과업들의 집합'이라고 표현했는데, 바로 과업들이 모여서 역할과 책임이 되고 역할과 책임이 모여서 직무가 된다.

[그림 3-1]은 직무, 직위, 역할과 책임, 그리고 과업 간의 관계를 이해하기 쉽게 그림으로 도식화한 것이다. 어떤 회사에서 채용 직무를 맡는 직원이 세 명이라고 가정해보자. 채용 직무를 수행하는 담당자에게 기대되는 역할과 책임은 1. 회사의 인력 수요를 예측해 필요한 인력의 수를 추정하고 2. 추정된 인원을 선발하기 위해서 모집공고를 내서 지원자들을 모집해 3. 지원자들의 서류를 검토하고 1차 합격자를 추린 다음에 4. 선발시험을 거쳐서 최종 합격자를 선발하고 5. 지원자들에게 합격과 불합격 여부를 통지한다. 이처럼 역할과 책임을 구체적으로 실행에 옮기는 것이 과업이다. 예를 들어, 모집 공고를 위해서는 모집 분야를 선정해야 하고, 모집 공고에 들어갈 문안을 작성하고 모집 광고를 내기 위해 관련 언론 매체를 접촉해야 한다. 실제로 이러한 내용은 채용 직무의 직무기술서에 작성되어 있다.

그렇다고 채용을 담당하고 있는 세 직원이 모두 같은 일을 하는 것은 아니다. 기계가 아니기 때문에 똑같이 일하는 것은 불가능할 뿐 아니라, 각각 맡은 역할이 다를 수 있기 때문이다. 예를 들어, 대졸 신입사원을 모집한다고 가정하면, 한 직원은 ABC 대학을 맡고, 다른 직원은 DEF 대학을 맡고, 세 번째 사람은 GHI대학을 맡을 수 있다. 이런 역할은 다시 바뀔 수 있다. 한 직원이 이사를 해서 자신이 맡은 지역은 아니지만 DEF 대학과 거리가 가까워졌다. 이를 알게 된 팀장이 기존 직원이 맡던 DEF는 집이 가까워진 직원이 대신 담당하고, 그는 이전 직원이 맡던 ABC 대학을 맡으라고 지시할 수 있다, 역할은 이처럼 문서화된 것뿐 아니라 상사의 지시 등 상황에 따라서 달라지는 것도 있다. 정리하면 조직에서의 역할은 다음과 같은 두 가지 의미를 담고 있다.[26]

[그림 3-1] 직무, 직위, 역할과 책임, 과업의 관계

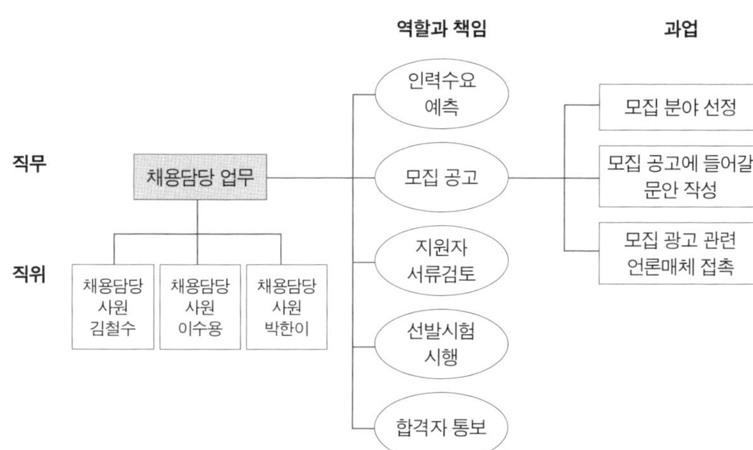

역할
= 사전에 정해진 역할(established role) + 수시로 발생하는 역할(emergent role)

이 두 역할의 정의가 일반적으로 기업에서 많이 사용되는 용어는 아니나 역할의 개념을 이해하는 데 도움이 된다. 직무 혹은 직위를 맡으면서 기대되는 행동을 '사전에 정해진 역할(established role)'이라고 한다. 직무기술서가 있는 기업의 경우에는 이러한 내용이 담겨 있다. 혹은 대부분 한국 기업들의 많이 사용하는 업무분장표에도 역할을 분담해 표시하고 있다.

그런데 앞에서의 채용 담당의 예뿐 아니라 일상적으로 조직 생활을 하면서 문서로 만들지는 않았지만, 상사가 기대하는 역할이 있기 마련이다. 때로는 새로운 상사가 오면 기대되는 역할이 바뀌기도 하고 상황에 따라서는 갑자기 생기는 역할도 있다. 예를 들어, CEO가 갑자기 4차 산업을 조사하라고 지시할 수 있다. 혹은 팀장이 직원에게 다음 주 있을 거래처 미팅 장소로 적합한 곳을 찾아보라고 지시할 수도 있다. 이처럼 조직 생활에 필요한 다양한 상황들을 모두 직무기술서에 포함시킬 수는 없다. 때로 '기타'라는 용어로 표현될 수도 있겠으나, 그러기에는 수많은 상황이 발생한다. 이처럼 사전에 정해지지는 않았으나 조직의 필요에

26 Ilgen, D.R. & Hollenbeck, J.R. 1991.

의해 생겨나는 역할을 '수시로 발생하는 역할(emergent role)'이라고 한다.

조직에서 사전에 정해진 역할만 수행해야 한다면 그 조직은 너무 딱딱해서 기계와 같은 관료제가 되어 버린다. 반면 수시로 발생하는 역할이 너무 많다면 그 조직의 구성원들은 사전에 어떤 일을 해야 하는지 예측하기 어려워 직장생활이 너무 힘들 것이다. 실상 한국 기업의 전통적인 모습은 지나치게 수시로 발생하는 역할이 많다는 것이다. 상사가 지시하는 예기치 못한 야근이 대표적인 예시가 될 것이다.

사전에 정해진 역할과 수시로 발생하는 역할의 비중이 얼마나 되는 게 좋은지에 대한 연구는 없어 보인다. 조직의 문화와 특성에 따라 달라질 것이다. 직관적인 판단으로는 대략 7대 3이나 8대 2 정도가 적절해 보인다. 이 정도가 되면 적소적재 직무주의 인사관리라고 할 수 있을 것 같다. 속인주의 인사관리에서는 이 비율이 뒤바뀔 가능성이 크다. 당연히 속인주의 인사관리에서는 상사의 자의적인 명령이나 지시가 지나치게 많아진다.

그럼 다시 일본에서 시작되었다는 역할 중심 인사관리로 돌아가보자. 일본 기업이 말하는 역할이란 무엇일까? 문헌을 살펴봐도 분명하지 않은 것 같다. 일본 학자들의 주장에 따르면 직무주의와 속인주의의 장점만을 취했다고 하는데,[27] 자칫 두 가지 역할 중에서 사전에 정해진 역

27 박우성·유규창. 2019. 『리더를 위한 인적자원관리』. 창민사. 303쪽.

할을 의미하는 것이라면 직무주의 인사관리와 다를 바가 없고, 수시로 발생하는 역할을 의미하는 것이라면 속인주의 인사관리를 그럴듯하게 포장만 한 것으로 볼 수밖에 없다. 역할중심 인사관리에 대해 지나치게 부정적이고 싶지는 않다. 다만, 역할 중심 인사관리를 도입했거나 도입을 고려하고 있다면 직무와 역할의 차이점과 유사점을 잘 이해해야 할 필요가 있다.

2부

적소적재의
기본 개념

4장

적소적재 직무주의 인사관리

1
인사관리의 본질

인사관리(혹은 인적자원관리, human resource management)는 조직이 추구하는 목표와 목적을 달성하기 위해 인적자원인 사람을 관리하는 것이다. 관리(management)라 함은 자원이 제한되어 있으므로 제한된 자원을 효율적이고 효과적인 방법을 찾아서 실행한다는 뜻이다. 따라서 인사관리는 인사(人事)라는 한문의 의미대로 사람(人, person)과 일(事, job)을 조화롭게 배치함으로써 효율적 및 효과적인 관리가 이루어지게 하는 것이다. 여기서 조화롭게 배치한다는 것은 사람마다 차이가 있고,

일마다 차이가 있으므로 그 차이를 고려해 적절하게 서로 어울리도록 만들어야 한다는 뜻이다.

인사관리는 이처럼 사람과 일의 차이(difference)를 전제로 진행한다. 만약 사람과 일에 차이가 없다면 굳이 복잡하고 어려운 활동을 할 필요가 없다. 인사관리에서 이러한 차이를 적절하게 관리하는 것이 중요한 이유는 구성원들에게는 자신의 적성과 역량에 맞는 직무를 배정해 동기를 부여하고, 조직에는 성과의 향상과 경쟁력을 높여주기 때문이다.

사람 간에는 차이가 크다. 외모, 체력, 체격, 국적, 성별, 출신 지역, 출신 학교 등 모든 사람이 태어나서 살아가는 동안 갖게 되는 특성이 다 다르다. 그 특성 가운데 성과와 관련 있는 차이를 인사관리에서 반영해야 한다. 그렇지 않으면 차별(discrimination)이 된다. 차별도 다름을 전제로 하지만 여기에는 개인적인 선호나 편견 등이 작용하기 때문에 법적으로나 윤리적으로 문제가 된다.

기업은 사람을 차별해서는 안 되지만 또한 차이를 관리하지 않으면 안 된다. 인사가 사람과 일로 구성되어 있으니 차이도 사람의 차이와 일의 차이로 나누어 볼 수 있다. 사람의 차이 가운데 인사관리에 반영하는 대표적인 개념이 개인의 필요(needs)와 능력(ability)의 차이를 아는 것이다.

필요란 사람이 살아가면서 생활을 영위하는 데 필요한 것들을 말한다. 그리고 이 필요는 개인마다 다르다. 예를 들어, 홀로 사는 독신자와 부양가족이 많은 사람은 필요가 다르다. 젊은 사람과 나이가 많은 사람도 필요가 다르다. 남자와 여자도 필요가 다를 수 있다. 이처럼 서로 다른 필요를 고려해 그 차이를 인정할 수 있다. 필요를 고려한 대표적인 인사관리의 예가 가족수당이다. 급여에서도 이 필요를 반영할 수 있는데 연공급이 대표적인 예이다. 근속연수가 높으면 그만큼 나이가 많다는 것이고, 나이가 많은 만큼 부양해야 할 가족이 많다고 가정할 수 있고, 이로 인해 상대적으로 높은 급여가 필요하다는 논리가 된다. 능력 또한 중요한 사람 간 차이다. 능력은 육체적인 능력, 인지적 능력, 감각적 능력 등 다양하다. 수행하는 직무에 따라 요구되는 능력이 다르므로 능력의 차이를 고려해 인사관리를 한다.

직무 간에도 차이가 크다. 직무의 차이는 수평적인 관점과 수직적인 관점으로 나눠볼 수 있다. 수직적인 관점은 조직의 위계와 관련이 있다. 조직의 가장 정점에 최고경영자가 있고 그 밑으로 단위 조직들이 분포해 있다. 단계는 의사결정 구조인 결제단계와도 관련이 있는데 상위 직책으로 올라갈수록 역할과 책임이 커지게 된다. 한편, 수평적인 관점에서도 직무의 차이가 난다. 수직적인 측면에서는 같은 수준이지만 구체적인 과업의 내용과 중요도에서 차이가 날 수 있다. 생산 부서에서 하는 직무와 영업 부서에서 하는 직무는 과업의 내용이 다르다. 물론 중요도에서도 차이가 날 수 있다. 경영지원 부서와 연구개발 부서에서 하는 직무의 내용과 중요도도 다를 수 있다.

이처럼 사람에도 차이가 있고, 직무에도 차이가 있다. 인사관리는 이러한 차이를 반영해 채용부터 시작해서 평가나 보상 그리고 승진, 교육훈련에 반영한다. 즉, 적재적소 속인주의 인사관리나 적소적재 직무주의 인사관리 모두 사람의 차이와 직무의 차이를 반영해 운영된다. 다만 어떤 차이를 우선해 인사관리에 접근하는가에 따라 두 접근법은 달라진다. 적재적소 속인주의 인사관리(person-based HR)는 적재, 즉 사람의 차이를 먼저 고려하고 이후 적소, 즉 직무에 배치한다. 반면, 적소적재 직무주의 인사관리(job-based HR)는 적소, 즉 직무의 차이를 먼저 고려하고 이후 적재, 즉 사람을 배치한다.

사람과 직무를 모두 고려한다는 점에서 적재적소 속인주의나 적소적재 직무주의는 유사한 것 같지만, 출발점이 달라서 두 가지 접근법은 결과적으로 매우 다른 양상을 보여준다. 서문에서 소개했던 작은 가게의 사례에서도 적재적소 관점과 적소적재 관점일 경우 어떻게 달라지는지 살펴보았지만, 두 접근법은 철학도 다르고 실제 실행되는 구체적인 제도의 모습들도 달라진다. 관련한 철학과 제도의 세부 내용은 이 책의 3부에서 좀 더 상세하게 다루기로 하고 여기서는 적소적재 직무주의 인사관리의 개요를 속인주의와 어떻게 차이가 나는지 함께 비교하면서 살펴보기로 한다.

2
과업의 정의

	적소적재 직무주의	적재적소 속인주의
과업의 정의	• 직무기술서에 과업의 내용과 직무의 책임과 권한, 직무수행 요건, 직무에 필요한 역량이 사전에 명확하게 정의되어 있다.	• 사전에 직무의 책임과 권한이 정해져 있지 않고, 리더의 지시나 명령 혹은 구성원의 역량에 따라 그때그때 달라진다.

앞에서는 일이란 무엇인가를 다루었다. 일은 광범위하게 정의되지만 여기서는 직무라는 개념으로 한정해서 사용하기로 했다. 과업은 일의 가장 작은 단위라고 할 수 있다. 적소적재 직무주의 인사관리에서는 직무기술서에 과업이 명확하게 기술되어 있다.

직무기술서는 마치 사용자에 상관없이 전자제품 설명서가 제품을 사용하는 사람이면 이해할 수 있게 한 것처럼 직무를 수행하는 사람에 상관없이 그 직무를 수행하는 데 필요한 일의 책임과 범위를 명확하게 정의해놓은 것이다. 직무기술서는 직무분석과 직무분류가 선행되어야 완성된다.

적재적소 속인주의 인사관리라고 해서 과업을 정의하지 않는 것은 아니다. 대부분의 기업은 업무분장표를 가지고 있다. 과부제(과장, 부장 조직) 시절에는 과와 부의 업무분장표가 있었고, 팀 제도에서는 팀별 업무분장표가 있다. 〈표 4-1〉은 한 공기업의 팀별 업무분장표인데 해당 팀

〈표 4-1〉 공기업의 업무분장표 예시

부서명	업무 내용
기획팀	• 사업 및 운영 계획의 수립, 조정 및 심의에 관한 사항 • 직제 및 정원(별정직 및 해외조직망 현지 직원 포함)에 관한 사항 • 법, 시행령 및 제·규정의 제정, 운영, 개폐에 관한 사항 • 경영위원회 및 이사회 운영에 관한 사항 • 대내외 업무보고 및 대 국회, 정부 업무에 관한 사항 • 국내외 유관기관(지방자치단체 포함)과의 업무협조에 관한 사항 • 대외업무 총괄, 조정에 관한 사항 • 경영공시에 관한 사항 • 팀장회의 및 간부회의에 관한 사항 • 공공기간 비정상적 관행의 정상화 추진 관련 대정부 업무에 관한 사항 • 경영효율 개선에 관한 사항 • 해외 무역관장 회의 개최에 관한 사항 • 외부 컨설팅 용역 총괄 심의에 관한 사항 • 해외조직망 방문 인사 지원에 관한 사항 • 임원추천위원회 운영에 관한 사항 • 다른 본부 및 실 내 다른 팀에 속하지 아니하는 사항 • 실내 사업운영 및 예산계획 수립·조정, 실 정원 내 인력 운영에 관한 사항
경영관리팀	• 중장기 경영전략, 계획, 경영목표(사장 경영목표 포함)의 수립, 조정 및 이행평가에 관한 사항 • 사장 및 상임이사 경영계약 및 이행실적 평가에 관한 사항 • 경영평가 지표 설정 및 개선에 관한 사항 • 본사 내부평가제도 운영 및 개선에 관한 사항 • 경영평가지표와 관련된 팀별 목표개발, 설정 및 추진에 관한 사항 • 국내외 조직망 사업운영지침 수립, 조정 및 평가에 관한 사항 • 지식경영, 윤리경영 등 신경영 트렌드에 관한 사항 • 제도개선 및 직원 제안제도 운영에 관한 사항 • 출자기관 관리에 관한 사항 • 경영관리 부문의 정보화 계획 수립 지원에 관한 사항 • 공사 비전 및 핵심가치 구현에 관한 사항

예산팀	• 예산 편성 및 조정에 관한 사항 • 자금 계획 수립 및 조정에 관한 사항 • 예산 및 자금의 배정에 관한 사항 • 예산 및 자금집행 결과의 분석에 관한 사항 • 사업수익의 책정, 조정 및 효과 분석에 관한 사항 • 예산조달계획의 수립, 조정에 관한 사항 • 외환리스크 관리 등 재무정책에 관한 사항 • 자본예산 타당선 분석에 관한 사항 • 사업별 예산 및 원가 분석에 관한 사항 • 중장기 재무계획의 수립에 관한 사항 • 예산성과금제도 운영에 관한 사항 • 본부 및 실 내 예산 및 운영 계획에 관한 사항

에서 해야 하는 업무의 리스트는 있지만, 팀 내 직무별 구분은 없다.

이 경우 급한 업무가 발생하면 팀의 모든 구성원이 함께 매달려 처리할 수 있는 장점은 있지만, 대부분은 팀장의 자의적인 판단에 따라 업무가 부여된다. 따라서 팀장의 판단으로 일을 잘한다고 생각되는 직원에게 업무가 많이 배정될 수 있는 구조다. 실제로 적재적소 속인주의 인사관리를 하는 기업의 현장에서는 일을 잘하는 직원들에게 일이 몰리는 게 일반적이다.

일을 못 하는 직원은 시간이 남아서 교육 훈련에 자주 가고, 일 잘하는 직원은 일에 치여 교육 훈련도 못 받고 일만 하다 일찍 소진되어 나중에는 일을 못 해 교육 훈련을 많이 받은 직원이 승진하게 되었다는 웃지 못할 일화도 있다.

적소적재 직무주의 인사관리에서는 과업이 사전에 정해져 있다. 사전에 정의한 과업은 직무기술서에 상세하게 기록된다. 직무기술서의 예시는 5장 직무분석에서 구체적으로 다루겠지만, 직무기술서에는 직무별로 직무의 정의, 과업의 내용, 직무의 책임과 역할, 직무수행에 필요한 자격요건, 직무에서 요구되는 역량, 조직 내에서의 보고체계 등이 명확하게 서술되어 있다.

과업의 명확한 정의는 모든 적소적재 직무주의 인사관리의 출발점이 된다. 과업이 명확하게 정의되어 있다는 것은 회사와 구성원 모두 해당 직무를 수행하는 데 기대하는 사항을 공유하고 있다는 의미다. 직무기술서는 채용을 위한 기초자료가 되며, 평가와 보상을 결정할 때도 직무기술서의 내용이 반영된다. 과업이 명확하게 정의되어 있어서 불필요한 업무가 사라지고, 리더의 불합리한 지시나 명령도 줄어들게 된다. 없어지지 않고 줄어든다고 표현한 것은 과업의 정의만으로 리더십이 바뀌는 것은 당연히 아니기 때문이다.

과업이 명확하게 정의되면 생산성도 향상된다. 불필요한 야근이나 주말 근무도 줄어든다. 실제로 한 회사의 경우 직무주의로 전환한 이후 야근과 주말 근무를 금지했음에도 생산성은 오히려 향상되었다고 한다. 그만큼 한국 기업이 적재적소 속인주의에 매몰되어 근면 성실의 장점은 사라지고 근무는 오래 하지만 업무에 몰입하지 않다 보니 업무가 늘어지고 생산성이 높지 않다는 것을 알 수 있다.

3
채용

	적소적재 직무주의	적재적소 속인주의
채용	• 조직의 전략적 방향에 따라 필요한 일을 정의하고 이에 맞추어 인력계획과 채용계획을 수립한다. • 사업의 필요에 의해 수시로 채용한다. • 모집 단계에서부터 지원자가 무슨 일을 하는지 명확하게 정의하고 이에 맞는 사람을 선발한다.	• 매년 일정 수의 인력을 정기적으로 공개 채용한다. • 채용된 인력은 입사한 해에 따라 기수가 정해진다. • 모집 단계에서는 지원자가 무슨 일을 하는지 알 수 없고, 일반적 역량이 높은 지원자를 선발해서 상황에 맞게 필요한 곳에 배치한다.

적소적재 직무주의에서 채용은 과업을 잘 정의한 후 그 과업을 수행할 사람을 찾는 과정으로 진행된다. 직무기술서로 확인된 직무수행 요건과 직무수행에 필요한 역량을 갖춘 인재를 회사 모집에 지원하도록 유인하고, 적절한 선발 도구를 활용해 선발한다. 채용 과정은 회사의 일방적인 결정이 아니라 지원자와 회사 간의 쌍방향 커뮤니케이션 과정이 되어야 한다. 회사도 지원자들의 태도, 역량, 성격, 과거의 행적 등을 알고 싶은 것처럼 지원자 역시 입사 후 어떤 일을 하는지, 근로조건은 무엇인지, 보상은 어떠한지 알아야 한다.

하지만 적재적소 속인주의의 채용 관행에서는 거의 회사가 일방적으로 이 과정을 진행한다. 입사해서 무슨 일을 할지 전혀 예측하기 어렵다. 사전에 어떤 업무에 얼마나 많은 인원이 필요한지에 대한 충분한 인력 계획 없이 대략의 채용 규모만 결정하고 정기 공채를 시행한다. 심지어 부서에서 신입사원을 배치받고서도 어떤 업무를 부여해야 할지 결정하지 못해 몇 달간 잔심부름이나 시키면서 시간을 낭비하는 사례도 있다. 신입사원이 자신도 관련 업무를 진행하고 싶다고 업무 배정을 요청하면 윗선에서는 '시키는 일이나 잘하라'고 불호령을 내리기 일쑤다. 조직문화와 신입사원 오리엔테이션이라는 핑계로 인력을 낭비하는 것이다. 그렇게 어렵게 들어간 직장임에도 신입사원 이직률이 매우 높은 이유도 이러한 채용 관행이 한몫한다.

최근에 한국 기업의 채용관리에 많은 변화가 목격된다. 삼성그룹을 제외하고 대부분 주요 그룹들은 직무주의 수시채용으로 전환하는 과정에 놓여 있다. 아직 충분하지는 않지만 대량 공채 대신에 수시채용으로 변화한다는 것은 한국 기업들의 인사관리가 적재적소 속인주의에서 적소적재 직무주의로 전환되는 트렌드를 보여준다. 정기적으로 이뤄지는 대량 공채와 달리 수시채용에는 동기나 기수의 의미가 없다. 동기나 기수라고 하는 연고에 의한 회사생활보다는 자신이 맡은 직무에서의 전문성이 중요한 조직문화로 전환되는 계기가 될 것이다. 또한 정부의 정책으로 인해 공공부문에서도 NCS 채용이나 블라인드 채용 등 직무 적합성을 고려하는 방향으로 채용 방법을 변화하려는 시도가 늘고 있다. 이 책이 이러한 변화를 가속화하고 정착시키는 데 도움이 되기를 기대한다.

4
육성

	적소적재 직무주의	적재적소 속인주의
육성	• 과업 수행에 필요한 역량 단계에 따라 경력의 경로가 정해진다. • 구성원들은 자신의 직무 전문성에 따라 서로 다른 경력 단계를 거친다. • 직무의 전문성이 중요해 전문가(스페셜리스트)로 성장한다.	• 사전에 정해진 경력 경로가 없고 상황에 따라 업무가 달라진다. • 모든 구성원은 사원-대리-과장-차장-부장의 직급 단계를 거치며 이것이 곧 경력 단계가 된다. • 직무의 전문성보다는 직무순환을 통한 제너럴리스트로 성장한다.

적소적재 직무주의 인사관리에서 육성은 과업에 의해 이루어진다. 예를 들어 특정 자리에 공석이 발생하면 그 자리에 누가 적합한지를 두고 사람을 고르는 의사결정을 내린다. 반면, 적재적소 속인주의에서 승진에 대한 의사결정은 '누구'를 승진시킬 것인가에서 시작한다. 이 차이는 별것 아닌 것 같지만 조직문화에 지대한 영향을 미친다.

'누구'를 승진시킬까에 대한 의사결정을 할 때 고려하는 요인은 다양하다. 승진대상자들이 지금까지 보여주었던 성과, 역량 그리고 리더십 등이 중요할 것이다. 하지만 인간관계, 의사결정자와의 개인적인 친분인 친소관계, 조직에 대한 충성심 등도 고려요소가 된다. 나아가 학연이나 지연도 부지불식간에 작용한다. 남녀와 같은 성차별적인 요소도 배제하기 어렵다. 이런 환경은 의도했든 의도하지 않았든 자연스럽게 인사에 대한 의사결정 과정에 사내정치가 자리하게 되고, 줄 서기나 편 가르기 등의 부작용이 생기게 된다. 물론 사내정치가 없는 조직은 없지만 그 정도가 과해질 위험이 커진다. 정기 인사 시즌이 되면 회사 업무가 마비될 정도로 구성원들 사이에 여러 가지 소문이 퍼지고 삼삼오오 모여서 설왕설래하게 된다.

적소적재 직무주의에서는 '자리'가 먼저 고려된다. 자리에 공석이 발생하면 그 자리, 즉 해당 직무의 역할과 책임 그리고 요구되는 역량이나 자격조건 등이 먼저 의사결정의 테이블 위에 올려진다. 매년 연례행사로 정기승진이 이루어지는 것과 달리 직무주의에서는 '자리'에 공석이 발생해야 이 과정이 진행된다. 적재적소 속인주의에서와 같이 업무는 동일하지만 승진(혹은 승격)이 되는 경우도 발생하지 않는다.

또한 적소적재 직무주의에서는 속인주의와 달리 고직급자가 양산되는 일도 생기지 않는다. 직무에서 요구되는 요인을 우선 고려하기 때문에 이러한 역량과 자격조건을 갖춘 대상자를 1차로 선별한다. 만약 사내에서 적절한 대상자가 없으면 외부에서 찾을 수도 있다. 이 과정에서 연고주의나 관계주의가 개입될 여지는 줄어들게 된다. 직무주의 인사에서는 승진도 외부에서 채용하는 과정과 다를 바 없는 '내부 채용'이라고 보는 이유이기도 하다. 직무주의 인사관리에서는 외부채용과 내부채용의 원리는 동일하다. 다만 대상자가 다를 뿐이다.

경력에 대한 경로도 직무와 관계되니 전문성의 내용이 깊어지고 넓어지는 방향으로 설계된다. 적재적소 속인주의에서는 '사원-대리-과장-차장-부장-임원'으로 이어지는 직급의 명칭과 처우가 중요하지만 적소적재 직무주의에서는 어떤 직무를 수행하는지 어떤 전문성이 있는지 그리고 해당 직무의 급여는 어떤 수준인지를 더 중요하게 생각한다. 직무주의에서도 직무순환을 하지만 속인주의처럼 광범위하게 이루어지기보다는 전문가로서의 경력의 깊이와 넓이를 더하는 방향으로 이루어진다.

적소적재 직무주의에서는 전문가가 우대받는 조직문화가 형성된다. 전문가의 협상력이 커지고 급여도 높아진다. 나이나 근속연수와 무관하게 전문성을 중심으로 조직관리가 이루어진다. 이 경우, 제너럴리스트인 리더보다 전문가인 부하직원의 연봉이 높은 경우가 드물지 않다. 게다가 전문적인 분야에서 일하는 경우 정년이 되더라도 직장을 그만둘 필요가 없다. 속인주의에서는 제너럴리스트가 우대받는 듯하지만 결과적으로 근속연수만 높고 전문성이 없는 반면 연공서열형 임금체계로 인해 급여가 높기 때문에 조직의 부담이 되고 명예퇴직이나 희망퇴직 1순위 대상이 된다.

이는 기형적인 제도 가운데 하나인 임금피크제도가 생겨난 배경이기도 하다. 일정한 연령에 도달하면 임금이 삭감되는 임금피크제도는 조직문화를 건강하지 못하게 만든다. 공기업에서 정기 인사 때마다 일정 기수들은 모두 퇴직하는 불합리한 관행도 속인주의 관점 때문에 생겨났다. 어떤 공기업에서는 1962년생이 사장으로 부임하자 1962년생보다 나이가 많은 임원은 모두 사직하기도 했다. 이처럼 연공서열이 높아질수록 열심히 일하고 전문성이 강화되기보다는 오히려 대충 시간이 지나기를 기다리는 잘못된 조직문화와 관행도 생겨난다.

5
평가

	적소적재 직무주의	적재적소 속인주의
평가	• 직무수행의 결과(혹은 업적)와 해당 직무를 수행하는 데 필요한 역량을 기준으로 평가한다.	• 공식적으로는 성과와 역량 평가를 도입하고 있지만, 실제 평가는 조직 생활에서의 태도나 인성을 중요하게 여긴다.

적소적재 직무주의에서의 평가는 주로 수행하는 직무에서의 결과(혹은 업적)와 해당 직무를 수행하는 데 필요한 역량을 기준으로 한다. 즉, 개인에게 주어진 직무에 대한 역할과 책임이 명확하므로 기준도 명확하고 어느 정도 예측 가능한 평가가 이루어진다. 반면, 적재적소 속인주의 인사관리에서는 개개인에게 주어지는 직무에 대한 역할과 책임이 명확하지 않기 때문에 업무 성과에 대한 평가보다는 그 '사람'에 대한 평가가 주를 이룬다. 개인의 역량이나 태도 혹은 구성원과의 관계나 조직에서의 융화 혹은 적응력 등 전반적인 면을 평가에 반영하게 된다. 이런 평

가 방식에 장점도 없지는 않으나 리더의 자의적인 판단 가능성이 커지게 되고 이것이 집단적인 조직문화를 강화하게 된다. 과거 평생직장의 개념과 집단주의 조직문화가 지배적이었던 한국 기업에서 개개인의 차이를 인정하고 반영해야 하는 평가제도 자체가 잘 어울리지 않았고, 이로 인해 평가제도가 한국 기업에 본격적으로 도입되기 시작한 것이 얼마 되지 않은 이유이기도 하다.

한국 기업이 평가제도를 도입한 초기에는 주로 절대평가 방식으로 운영되었다. 절대평가 항목에는 구성원들의 근무태도나 능력 등 개개인의 특성(trait)에 대한 평가가 대부분이었다. 평가를 해야 한다는 필요성은 있었으나 대부분 기업에서 리더들이 아주 특별한 예외적인 상황을 제외하고는 굳이 개인 간 편차를 두고 싶지 않아 했다. 따라서 평가 결과가 관대해지는 경향이 나타나며 평가 자체가 유명무실하게 운영되었다.

평가에 대한 진지한 접근은 연봉제 등 성과주의 인사관리가 도입되면서부터였다. 개인 간 연봉 인상의 차등을 두어야 했기 때문에 절대평가에서 상대평가로 전환했다. 하지만 인사관리 관행은 속인주의 그대로 두면서 평가만 상대평가로 전환했으니 평가에 대한 부작용과 구성원들의 불만은 매우 커지게 되었다. 리더 입장에서는 집단주의 조직문화 속에서 조직을 관리해야 하는데 성과 차이가 명확하게 드러나는 것도 아니므로 주로 승진대상자에게 좋은 평가를 몰아주거나, 여성이나 신입사원들에게 불이익을 주는 평가 결과가 많았다.

적소적재 직무주의에서도 리더가 조직 생활 전반적인 면에서 직원을 평가하기는 하나 그 정도가 속인주의에 비해 덜할 수밖에 없다. 직무주의에서는 속인주의와 달리 업무에 대한 배정도 자의적으로 판단하기보다는 사전에 정해진 과업의 범위 내에서 이루어진다. 그렇다고 리더의 평가 권한이 약화하는 것은 아니다. 오히려 주어진 과업에서의 결과를 기준으로 평가하기 때문에 리더가 평가 권한을 더 분명하게 행사할 수 있다.

직무주의 인사관리에서도 상대평가를 도입하는 기업이 많지만, 절대평가를 도입하는 경우에도 속인주의에 비해 부작용이 크지 않다. 절대평가는 개인 간의 비교보다는 주어진 절대적 기준에 근거하기 때문에 기준이 명확해야 하며, 직무주의에서는 그 기준이 직무의 역할과 책임 범위가 된다. 최근 4차 산업혁명의 흐름을 반영해 다국적 기업들이 대부분 절대평가로 전환하고 있으며 직무주의 인사관리를 하고 있기 때문에 큰 문제 없이 가능하다. 반면 한국 기업들도 절대평가로의 전환을 고려하고 있으나 속인주의 인사관리가 주를 이루는 상황에서 선뜻 전환하기 어렵다.

6
보상

	적소적재 직무주의	적재적소 속인주의
보상	• 직무의 상대적인 가치에 따라 기본급이 결정된다.	• 고용형태, 근속연수, 학력 등 속인적인 특징에 따라 기본급이 결정된다.

적소적재 직무주의 보상의 대표는 직무급이다. 직무급은 직무의 상대적인 가치에 따라 보상을 달리 하는 것이다. 뒤집어 보면, 직무의 상대적인 가치가 같으면 동일한 보상을 한다. 동일노동 동일임금인 것이다. 물론 그렇다고 개인의 숙련이나 경험의 차이를 반영하지 않는 것은 아니다. 출발점을 직무의 상대적인 가치에 두고 있다는 것이다.

한국에서 동일노동 동일임금은 중요한 지향점이다. 대표적인 예로 '남녀고용평등법 제2장 제1절 제8조(임금) 1항'에는 '사업주는 동일한 사업 내의 동일 가치 노동에 대해 동일한 임금을 지급해야 한다'라고 되어 있다. 이어서 제2항에는 '동일 가치 노동의 기준은 직무수행에서 요구되는 기술, 노력, 책임 및 작업조건 등으로 하고'라고 명시되어 있다. 즉, 동일한 직무 혹은 동일한 직무 가치를 수행하면 남녀 차별 없이 동일한 임금을 주어야 한다.

이 법이 제정된 이후에 남자와 여자의 호봉표를 달리하는 관행은 많이 없어졌으나, 여전히 우리 사회에서 차별적 임금은 존재한다. 직무급을 도입한다고 해서 차별이 완전히 없어지는 것은 아니다. 그러나 일찍부터 직무급을 도입하고 있는 서양와는 달리 우리는 적소적재의 속인주의 임금으로 인해 더 많은 차별이 존재한다.

남녀고용평등과 일 · 가정 양립 지원에 관한 법률(약칭: 남녀고용평등법)

제2장 고용에서 남녀의 평등한 기회보장 및 대우 등

제1절 남녀의 평등한 기회보장 및 대우 제8조(임금)

① 사업주는 동일한 사업 내의 동일 가치 노동에 대해 동일한 임금을 지급해야 한다.

② 동일 가치 노동의 기준은 직무수행에서 요구되는 기술, 노력, 책임 및 작업 조건 등으로 하고, 사업주가 그 기준을 정할 때에는 제25조에 따른 노사협의회의 근로자를 대표하는 위원의 의견을 들어야 한다.

③ 사업주가 임금차별을 목적으로 설립한 별개의 사업은 동일한 사업으로 본다.

보상의 구성 요소는 기본급, 수당, 성과급, 복리후생 등 다양하다. 이러한 다양한 요소들을 결정하는 기준들도 다양할 수밖에 없다. 속인주의 인사제도를 도입하는 기업들도 어느 정도 직무적 요소를 반영하지 않는 것은 아니나, 보상에서 가장 큰 비중을 차지하고, 임금체계의 바탕을 이루는 기본급(혹은 고정급)이 연공서열형 구조를 이루고 있다.

속인주의 연공서열형 호봉제도는 오랜 기간 함께 있어 왔지만, 이제는 가장 많은 비판을 받는 '한국적' 인사제도가 되었다. 시대가 변화하면서 우리에게 익숙했던 것이 이제는 애물단지가 되어버렸다. 연공서열형 호봉제는 하는 일과 관계없이 시간이 지나면서 호봉이 쌓이고 저절로 임금이 올라가는 구조다. 이 시스템에 들어가 있는 사람들은 전혀 불만이 없다. 그러나 이는 마치 서서히 끓는 물에 들어가 있는 개구리와 같은 신세다. 이제는 소수만이 혜택을 보고, 다수는 공정하지 못하다고 느끼는 임금제도로 전락했다. 점차 조직 대다수를 차지하고 있는 MZ세대의 가치관과도 상충한다. 같은 일을 하는데 연차가 적다고 해서 고참 사원보다 월등히 적은 보상을 받는 것은 이제는 용인하기 어렵다.

기업으로서도 인력의 고령화가 진행되면 될수록 인건비 부담은 가중되므로 임금피크제나 명예퇴직이나 희망퇴직 등 퇴출을 강제하는 고육책을 쓸 수밖에 없다. 일흔이나 여든이 되어도 자신의 전문성만 유지될 수 있다면 현업에서 일할 수 있는 사회가 좋은 사회다. 이는 적소적재 직무주의 보상이 실현되어야만 가능해진다. 강성 노조가 버티고 있는 소수의 대기업을 제외하면 대부분 한국 기업에서 속인주의 연공서열형으로는 4말 5초가 될 수밖에 없다. 수명은 연장되어 가고 있는데 보상구조로 인해 40대 말에서 50대 초면 조직에서 눈치를 봐야 하는 처지다.

연공서열형 호봉제에 비해 직무급은 설계 과정이 어렵고 복잡하다.

또한 노사 간의 이해관계, 나아가 근로자 간의 이해관계가 대립될 수도 있다. 2장에서 다룬 것처럼 직무급을 도입하면 임금 인상이 이루어지지 않는다는 오해도 있어 노동조합에서는 대체로 직무급을 언급조차 꺼리는 경향도 있다. 하지만 우리 사회가 한 단계 진화하고 발전하고 성숙해지기 위해서 겪어야 할 성장통이기도 하다. 중학교 과정이 어렵다고 초등학교에만 머무르거나 고등학교 과정이 어렵다고 중학교에만 머무르겠다고 고집을 부리면 어떻게 되겠는가? 더구나 대학교나 대학원 과정은 아직 펼쳐지지도 않았는데 말이다. 연공서열형 호봉제를 유지하자는 주장은 초등학생으로 남겠다고 떼를 쓰는 것과 다를 바가 없다.

5장

적소적재를 위한 직무분류와 직무분석

앞에서는 적소적재 직무주의 인사관리의 전체적인 내용과 채용, 평가, 보상 등 개별 기능을 속인주의와 비교해 간략하게 살펴보았다. 여기서는 적소적재 직무주의 인사관리의 실천을 위해 구체적인 내용과 방법론을 제시하고자 한다.

직무주의 인사관리는 직무가 관련 인사 기능에 연계되어 운영되는 하나의 시스템으로 '직무 내용과 정보를 토대로 인사관리 관행(인력계획, 채용, 평가, 경력개발, 보상 등)을 실행하는 것'[28]으로 [그림 5-1]과 같이

28 이혜정·유규창·명순영. 2019. 「직무중심 인사관리가 구성원의 태도에 미치는 영향」 조직과 인사관리 연구, 43(3): 149-176쪽.

나타낼 수 있다. 그런데 적소적재 인사관리의 채용, 평가, 경력개발, 보상을 위해서는 준비 과정이 탄탄하게 이루어져야 한다. 여기에는 직무에 대한 체계적인 정보를 수집하는 과정인 직무분석과 직무의 상대적 가치를 판단하는 직무평가 그리고 직무분석과 직무평가의 대상이 되는 직무를 구분하고 분류하는 직무분류 등을 포함한다.

직무주의 인사관리를 위한 준비과정인 직무분류와 직무분석 그리고 직무평가를 5장과 6장에 걸쳐 다룰 예정이다. 또한 7장부터는 직무주의 인사관리를 구성하고 있는 채용, 평가, 경력개발, 보상 등의 개별 기능을 살펴보려 한다.

[그림 5-1] 직무주의 인사관리 구조

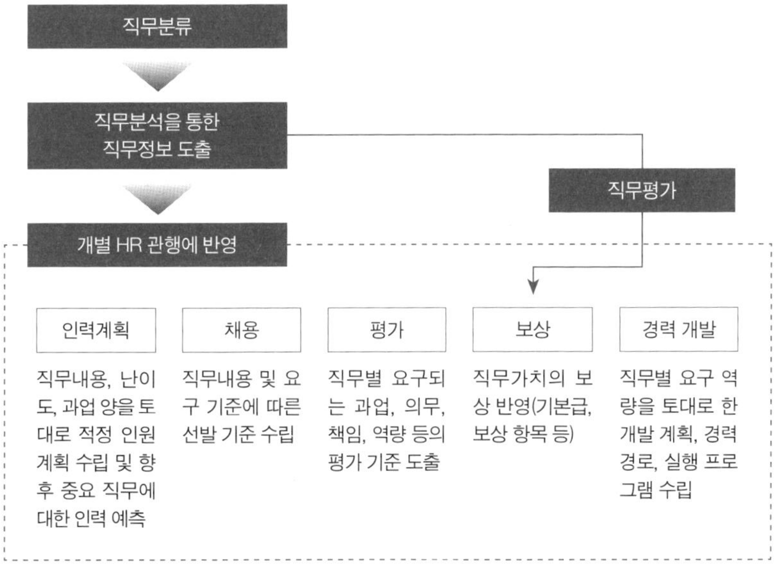

직무분류

직무분석을 통한 직무정보 도출

직무평가

개별 HR 관행에 반영

인력계획	채용	평가	보상	경력 개발
직무내용, 난이도, 과업 양을 토대로 적정 인원 계획 수립 및 향후 중요 직무에 대한 인력 예측	직무내용 및 요구 기준에 따른 선발 기준 수립	직무별 요구되는 과업, 의무, 책임, 역량 등의 평가 기준 도출	직무가치의 보상 반영(기본급, 보상 항목 등)	직무별 요구 역량을 토대로 한 개발 계획, 경력 경로, 실행 프로그램 수립

1
직무분류

직무분류(job classification)란 조직 내 직무들을 그 내용과 직무 고유의 특성에 따라 합리적이고 알기 쉽게 체계화한 것이며 직무분석 및 직무평가의 정확성과 타당도를 높이기 위해 기존 직무를 분류 또는 재분류하는 작업을 의미한다.

직무를 분류하는 절대적인 기준은 없다. [그림 5-2]의 서울의 행정 구역을 보면 인구수나 각 구의 넓이를 일괄적으로 설정해 구분한 것은 아니다. 이와 마찬가지로 특정 기업에서 직무를 분류하는 방식은 사업 목

[그림 5-2] 서울시 행정 구역 구분

적 달성을 위한 기업의 전략적 의사결정을 통해 다양한 방법으로 이루어질 수 있다. [그림 5-3]처럼 A 기업에서는 '인사'라는 업무를 하나의 직무로 보았고, B 기업에서는 채용과 인사기획 2개의 직무로 보았으며, C 기업에서는 6개의 직무로 분류했다. 이처럼 기업 규모에 따라, 업종에 따라, 전략적 목적 및 사업 전략 등에 따라 직무의 개수와 수직적 또는 수평적 분류는 달라질 수 있다.

직무를 분류하기 위해 기업 내 존재하는 직무를 수평적으로 분류하고 유사한 직무들을 상위로 묶어가며 위계를 만들기도 한다. 〈표 5-1〉은 직무, 직렬, 직군의 정의와 예시를 A 기업을 통해 제시하고 있다. A 기업의 경우에는 관리직군과 연구직군의 2개 직군으로, 그리고 각 직군에서 하위 직렬을 다시 구분했으며, 직렬에 포함되는 직무의 순으로 직무

[그림 5-3] 직무분류 예시 - 인사

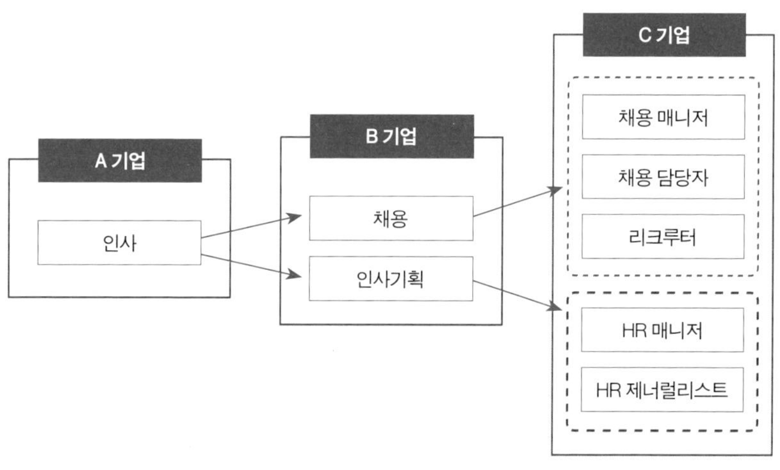

〈표 5-1〉 A 기업 직무분류 예시

개념	설명	예시
직군 **(Job Group)**	기능이 유사한 직무들의 집합	(A 기업) 관리직군, 연구직군
직렬 **(Job Series)**	조직의 위계상 책임의 범위는 다르나 유사한 과업의 내용을 가지고 있는 직무의 집합	(관리직군) 기획직렬, 총무직렬, 재무 및 회계 직렬, 인사 직렬
직무 **(Job)**	의무와 책임이 유사한 과업들의 집합	(인사직렬) 인사기획, 인사관리, 노무관리

직군	관리직군				연구직군			
직렬	**기획**	**총무**	**재무 및 회계**	**인사**	**솔루션 연구**	**반도체 공정연구**	**모델링 연구**	**시뮬레이션**
직무	기획 관리	총무 일반	회계	인사 기획	솔루션 기획연구	반도체공정 기획연구	모델링 기획연구	시뮬레이션 기획연구
	전략 관리	복리 후생	자산 관리	인사 관리	솔루션 프로그래밍 연구	반도체 공정 프로그래밍 연구	모델링 프로그래밍 연구	시뮬레이션 프로그래밍 연구
		사회 보험	재무 기획	노무 관리	솔루션 프로세스 연구	반도체 공정 프로세스 연구	모델링 프로세스 연구	
					솔루션 보안연구	반도체 공정 보안연구	모델링 보안연구	
					솔루션 검증연구			

를 분류했다. 직무분류는 조직마다 전략적 판단과 사업의 목적에 따라 달라질 수 있다.

분류된 개별 직무는 직무분석과 직무평가의 대상이 된다. 직무분류 시 기업의 규모와 목적, 인사관리의 특징이 적절히 반영되지 않는다면 직무분석과 직무평가의 대상이 되는 직무의 크기가 너무 크거나 작아지는 경우가 생길 수 있으며 때로는 전혀 필요 없는 직무분석과 직무평가를 하게 되는 경우도 발생할 수 있다. 따라서 직무분석과 직무평가 그리고 이후의 인사관리 활용에 있어 실효성과 타당성을 높이기 위해 조직의 상황과 목적을 반영한 직무의 분류가 이루어져야 한다.

2
직무분석

직무분석은 앞서 분류한 직무를 대상으로 이루어지며 직무를 구성하고 있는 과업, 직무수행을 위해 필요한 기술, 지식, 능력 등 인사관리에 활용될 직무정보를 직무기술서와 직무명세서로 문서화, 체계화하는 과정이다. 최근에는 직무기술서와 직무명세서를 구분하지 않고 직무기술서로 통합해 직무 관련 정보를 정리하는 추세다.

[그림 5-4]는 직무분석의 개요로 직무분석을 통해 분석되는 정보들과

직무분석의 목적 및 활용을 요약하고 있다. 분석 대상이 되는 정보는 크게 '일'과 관련된 부분과 '일을 수행하는 사람'과 관련된 부분으로 구분된다. 일과 관련된 부분은 과업, 책임, 의무로 직무기술서를 통해 도출된다. 일을 수행하는 사람과 관련된 부분은 해당 일을 수행하는 데 필요한(요구되는) 지식, 기술, 능력 그리고 기타 필요 요건 등이 해당되며 직무명세서를 통해 도출된다. 직무분석을 통해 도출된 정보는 채용, 평가, 보상, 육성 및 개발 등 인적자원관리 모든 분야에 있어 기본적인 토대가 된다. 직무분석 정보가 인적자원관리에 활용되는 구체적인 내용은 다음과 같다.

[그림 5-4] 직무분석 개요

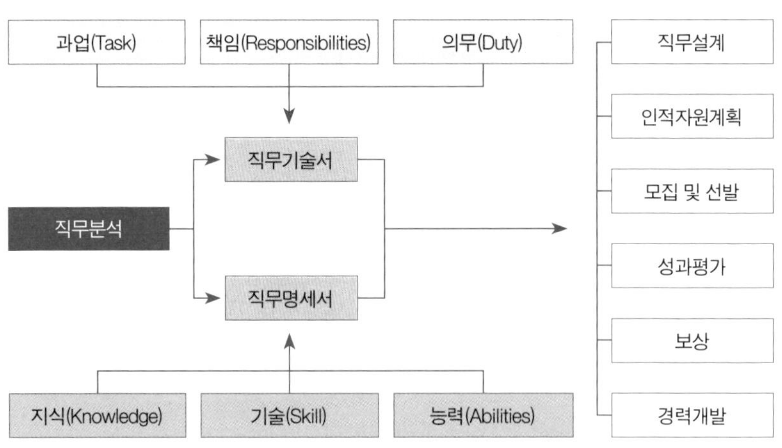

• 직무별 인력수요, 업무량 등에 관한 정보를 제공함으로써 효율적 인력 수요 예측에 기여한다.
• 직무설계와 직무체계의 개선에 도움을 준다.
• 채용 시 요구되는 자격 요건과 직무에 관한 정보를 제공한다.
• 상하 연결 관계, 보고체계, 책임소재 등 조직 관계를 명시한다.
• 과업, 책임, 의무는 성과를 평가할 때 성과지표와 목표와 연계되어 공정하고 객관적인 평가에 기여한다.
• 직무가치 평가를 위한 자료를 제공해 공정한 보상의 근거 자료를 제공한다.
• 경력 경로와 진로의 설정, 교육 훈련 자료 제공 등 경력개발을 위한 기초 자료를 제공한다.

직무분석은 목적 및 해당 조직의 상황에 따라 다를 수 있으나 대체로 [그림 5-5]와 같은 절차에 따라 진행된다.

직무분석은 직무분석의 목적을 확인함으로써 적절한 직무분석의 방법 및 분석 범위의 직무 등을 선정하는 등 이후 전체 직무분석 과정에 대한 계획을 수립한다. 그다음 직무분석을 실시하기에 앞서 직무와 관련된 배경정보를 기존 자료를 통해 검토하며 대상이 되는 직무를 선정하는 과정을 거친다. 이후 단계에서는 직무분석을 실시하는데 다양한 직무분석 방법 중 각 방법들의 장단점을 파악하여 적합한 방법을 선정해 분석을 실시한다. 직무분석은 설문지법, 관찰법, 면접법 등 다양한 방법을 통해 이루어질 수 있는데 직무관련 정보의 정확성과 타당성을 높이기 위해서는 한 가지 방법에 의존하지 않고 몇 가지 방법을 병행하는 것이 바람직하다. 직무분석을 통해 도출된 과업, 필요 여건 등의 내용은 관리자 또는 직무 내용 전문가(SME) 등이 보완 및 검증한다. 그리고 최종적으로 직무분석의 내용과 결과를 직무기술서에 요약정리하는 과정을 거친다.

직무분석의 최종 결과물(아웃풋)인 직무기술서는 〈표 5-2〉와 같다. 직무기술서에는 우선 직무 개요 및 직무에 대한 기본적인 사항들이 요약되어 있다. 이후부터는 과업, 책임과 역할과 관련된 내용과 직무수행을

[그림 5-5] 직무분석 절차[29]

1. 직무분석 목적 확인	직무분석의 목적을 명확히 하여 적합한 직무분석 방법 선정
2. 배경 정보 검토	조직도, 공정도, 기존 직무기술서 등 배경 정보 검토
3. 대표 직무 선정	직무분석의 대상이 되는 직무 가운데 대표 직무나 혹은 대표 직위 선정
4. 직무분석 실시	직무분석 방법을 활용해 직무분석 실시
5. 직무분석 내용 검증	직무분석의 내용이 정확한지 관리자나 내용 전문가를 통해 검증
6. 직무기술서 작성	최종적인 직무분석의 내용과 결과를 직무기술서에 요약 정리

---

29 Dessler, G. 2011. *Human resource management*. Boston: Pearson.

위해 갖추어야 하는 필요 요건인 최소 교육수준, 자격, 직무 및 어학 역량 등에 관한 내용을 포함한다.

직무분류와 직무분석은 직무주의 인사관리의 초석을 다지는 과정으로 비유할 수 있다. 직무주의 인사관리를 위해서가 아니더라도 이미 대부분 기업에서 직무분류와 직무분석은 시행했을 것이다. 그렇다면 직무기술서가 왜 제대로 활용되지 않는지에 대해서도 고민해볼 필요가 있다.

먼저, 직무분석 결과물은 인사관리의 기본 정보로 활용되어야 하는데 직무분석까지만 시행하고 이후의 인사관리 방식이 직무주의가 아니었기 때문일 수 있다. 아니면 형식적인 직무분석에 그쳤을 수도 있다. 따라서 직무주의 인사관리를 위해서는 '직무'에 대해 심도 있게 고민하는 것에서부터 시작해야 한다. 사고의 단위와 방식이 '사람' 중심이었던 그동안의 우리나라에서 직무가 무엇일까? 직무를 어떻게 구분해야 할까? 이 직무는 몇 개의 레벨이 있는 직무일까? 등에 대한 질문이 어려울 수 있다. 그러나 직무주의 인사관리에서 이 과정은 필수적이다. 직무와 관련된 질문들에 대한 답을 찾는 과정은 직무분류의 방식에 대한 큰 그림을 제공해줄 것이며 직무분석 결과의 질과 효과성을 높이는 데 기여할 수 있을 것이다.

〈표 5-2〉 자동차 영업 직무 직무기술서 예시

1. 기본사항

직무명	자동차영업	직무코드	000A3
소속	자동차금융본부	부서	자동차금융1부
직군	마케팅영업	직렬	영업기획
보고체계	자동차금융팀장	작성일	2022년 1월 1일
작성자	김하나	검증	장민수

2. 직무개요 및 목적

국산 신차와 렌터카 상품 취급 목표 및 성과달성(수익성)을 위해 상품기획을 수립하고 그에 대한 실적을 분석 및 관리하고, 렌터카 정비업무를 하며, 기타 자동차 영업관리 업무를 지원한다.

3. 주요 역할 및 책임

의무와 책임	주요 과업	비중
1. 국산 신차 할부상품을 운영한다.	• 국산 신차 할부 중장기 및 연간계획을 수립한다. • 국산 신차 할부에 대한 시장조사와 경쟁사 현황조사를 하고, 이를 기반으로 운영계획을 수립한다. • 국산 신차 할부상품 가격을 운용한다. • 카드사 등 제휴사와 상품 개발 및 기타 업무를 협의한다.	30%

2. 렌터카 상품을 운영한다.	• 렌터카의 중장기 및 연간계획을 수립한다. • 렌터카 할부에 대한 시장조사와 경쟁사 현황조사를 하고, 이를 기반으로 운영계획을 수립한다. • 렌터카 상품 가격을 운용한다. • 렌터카 영업 채널을 직접 관리한다. • 렌터카와 관련된 고객 상담, 심사, 실행 업무를 수행한다.	30%
3. 렌터카 정비업무를 운영한다.	• 렌터카 정비, 보험 원가를 수립한다. • 렌터카의 사업 등록 및 관공서와 관련된 업무를 수행한다. • 손해사정 등 렌터카 정비 관련 보험 상품을 운영한다.	20%
4. 기타 자동차 영업 관리업무를 지원한다.	• 영업 채널의 운영기준을 수립한다. • 특판 계약 및 출고 업무를 지원한다. • 부가서비스 운영, 관리, 기획 업무를 지원한다.	20%

4. 필요 요건

최소 교육수준	2년제 대학 졸업 학력 비중
전공	전공 무관
최소 자격	최소 1년 영업지점 근무 경험
직무역량	MS-Office 활용 능력, 대출 약정체계 관련 기본 지식, 시장 동향 모니터링, 금융 및 금융상품 전반에 대한 지식, 문제해결 프로세스 이해, 여신 법률지식, 기획력, 커뮤니케이션 능력, 논리적 의사표현, 상황 분석 및 판단
어학능력	
필요 자격증	

6장

적소적재를 위한 직무평가

1
공정한 임금과 직무평가

직무평가를 통해 어떻게 공정한 임금을 책정하고 지급할 수 있을 것인지에 대해 생각해보자. 먼저 공정의 의미를 파악할 필요가 있다.

공정하다는 의미는 공평과는 다른 개념으로 '일한 만큼 주고받는 것'이 임금의 공정성을 확보하기 위한 가장 단순하지만 정확한 방법일 것이다. 공평은 모두 같은 양을 분배하는 것이지만 공정은 결과에 각자가 얼마나 기여하는가에 따라 분배의 양을 정하는 것이다.[30] 즉, 어렵고 힘든 일을 하면 그만큼의 임금을 받아야 하며 또한 덜 어렵고 덜 힘든 일을 하면 낮은 임금이 책정되는 것이 공정한 상황이다. 따라서 어떤 일이 더 어렵고 힘들고 노력을 필요로 하는 직무인지를 파악하기 위해서는 판단이 필요한데 이 판단을 위해 직무평가를 하는 것이다.

직무평가는 직무의 상대적인 가치를 판단하는 과정이다. 그런데 이 상대적 가치에 관한 판단을 사람이 하다 보니 직무평가 결과에 대한 신뢰성과 공정성에 대한 논란이 생긴다. 물론 직무가치를 판단하기 위한 기준과 주관성 개입을 최소화하기 위해 큰 노력을 기울이지만 판단 과정에서 주관성이 개입할 가능성이 높고, 오류를 완전히 배제하는 것 역시 현실적으로 어렵다.

그러나 직무평가는 가치에 대한 객관성을 전제한다기보다 객관적 측정을 위한 노력과 그 노력의 과정으로 보는 것이 바람직하며 가치 개입과 관련한 주관성의 위험 때문에 직무평가 자체를 포기하는 것은 잘못된 선택이다.[31] 즉, 직무평가가 갖는 잠재적 논란에도 직무평가를 실시해야 하는 궁극적 목적이라 할 수 있다.

특히 우리나라의 경우 직무평가를 접해본 경험이 많지 않고 직무평가에 대한 막연한 두려움과 거부감을 표현하는 것이 일반적이다. 우선은 두렵고 모르기 때문에 반대부터 하는 것이 직무평가와 관련된 주된

---

30 유규창. 2018.「공정한 임금체계와 직무평가」『노동리뷰』 9월호. 40-53쪽.

31 England, (1999). The case for comparable worth. *Quarterly Review of Economics and Finance*, 39: 743-755.

반응이다. 그리고 이후의 반응은 "과연 정확하게 직무 가치를 평가할 수 있을까?", "누가 우리의 직무를 정확하게 알고 있고 평가할 수 있을까?"와 같이 사람이 하는 직무 가치의 평가에 대한 불신을 자주 확인할 수 있다.

어찌 보면 당연한 반응일 수 있다. 그러나 직무평가 과정에서 발생할 가능성이 있는 오류로 인해 직무평가를 통해 달성하고자 하는 더 큰 궁극적 목적과 대의를 포기할 수는 없다. 과거 서양에서 오랫동안 직무평가 결과를 활용해 임금 불공정성 및 차별의 근거로 제시했던 것처럼 직무평가의 한계보다는 직무평가의 궁극적 목적에 초점을 두어야 할 것이다.

2
직무평가 방법: 서열법, 분류법, 요소비교법, 점수법

직무의 가치는 어떻게 판단하고 평가할 수 있을까? 여러 가지 방법이 있지만 가장 간단한 방법은 상대평가 방법으로 다음 6개 직무를 상대적으로 중요한 순서로 직무의 서열을 정하는 것이다.

1순위부터 6순위까지 직무 가치 순으로 '줄을 세우는' 방식인 서열법은 직무의 수가 많지 않을 때 간단히 사용할 수 있다. 그러나 서열법으로 직무를 평가하게 되면 직무 가치의 상대적 순서는 파악할 수 있으나 순위 간 차이(1순위와 2순위 간 직무 가치가 어느 정도인지)와 같은 정보를 도출할 수 없다. 이럴 경우 좀더 구체적인 기준을 정해두고 각 직무가 어느 등급에 해당하는지를 판단할 수 있다. 〈표 6-1〉에 보면 각 등급에 대한 기준이 제시되어 있는데 이 등급 기준에 부합하는지를 판단해 직무를 평가하는 방법을 분류법이라 한다. 예를 들어 인사 직무의 경우 5급에 해당하는 직무로 평가할 수 있으며 홍보 직무는 4급 직무로 평가하는 방식이다.

분류법이 서열법보다 좀 더 구체적인 정보, 즉 각 등급에 대한 기준을 확인할 수 있다는 점에서는 장점이 있으나 서열법을 통해 도출된 직무 서열 그리고 분류법에 따라 도출된 직무 등급 간에는 어느 정도의 차이가 있는지 계량적으로 확인하기 어렵다. 그리고 서열법과 분류법의 경우 규모가 작아 직무의 수가 많지 않으면 효율적으로 활용할 수 있으나 [그림 6-1]과 같이 직무의 수가 많아지게 되면 서열법, 분류법에 따라 직무의 가치를 평가할 때 주관적 의견이 개입될 확률이 높아지고 평가 결과를 활용하기에 매우 조심스러워질 수 있다. 특히 직무평가는 그 결과를 일반적으로 임금에 적용하기 때문에 더더욱 신뢰성을 높일 수 있는 절차와 방법을 활용해야 직무평가 결과에 대한 구성원들의 수용성을 높일 수 있다.

직무의 수가 많은 경우에도 직무의 상대적 가치를 타당하게 비교할 수 있고, 단순한 서열과 등급의 구분이 아닌 직무 간 차이를 계량적으로 확인하는 효과적인 방법은 〈표 6-1〉와 같은 결과물로 가능하다. 직무의 가치가 숫자로 도출되고 이 숫자의 크기에 따라 순위도 정해지고 직무

〈표 6-1〉 점수법 직무평가 결과 예시

순위	직무명	직무평가 점수
1	기획관리	882
2	해외영업	792
3	자금	777
4	회계	762
5	영업(총괄)	745
6	의약품 GMP	743
⋮	⋮	⋮

간 차이가 어느 정도인지도 확인할 수 있다. 바로 이 방법이 점수법이다. 점수법은 직무의 가치를 점수화해 상대적 가치를 비교하는 방법이다.

이 외에도 요소비교법이 있는데 이 방법은 대표직무를 정해 보상요인별로 직무평가를 하고 이 결과를 바탕으로 나머지 개별 직무들의 상대적인 가치를 판단하는 방법이다. 요소비교법은 직무의 상대적인 가치를 임금액으로 직접 평가한다는 장점이 있으나 실제로 적용하는 것이 매우 난해해 평가 방법과 설계가 어려워 쉽게 접할 수 있는 평가 방법은 아니다. 따라서 직무를 평가하는 데 가장 널리 활용되는 방법은 점수법

[그림 6-1] 조직 내 직무 체계 예

직렬	직무				
구매·원가관리	구매관리	생산·원가관리			
홍보·기획	기획관리	홍보·마케팅 관리			
해외사업	수출관리	해외영업			
세무회계	자금	회계	세무		
인사관리	인사노무관리	총무			
영업	영업(총괄)	영업(팀장)	영업(팀원)	영업관리	
연구개발	연구개발				
품질개발	의약품 GMP	인증관리	품질관리		
생산설비관리	설비설치 개선	폐수처리 관리			
생산지원	생산지원 총괄	생산지원 서무	설비보전	설비 안전관리	위험물관리

이다.

지금까지 직무를 평가하는 방법들을 살펴본 바와 같이, 점수법은 구조적이고 정확한 직무평가의 필요성에 의해 만들어진 대표적인 정량적인 직무평가 방법으로 다국적 컨설팅 회사뿐만 아니라 세계 각국의 정부에서도 사용하는 대표적인 직무평가 방법이다. 점수법은 평가자에게 평가의 기준이 되는 요소와 평가 방법을 상세하게 설명하는 자료를 제공함으로써 직무평가 과정을 잘 알지 못하는 평가자도 쉽게 평가할 수 있고 모든 평가자가 동일한 평가 기준을 사용함으로써 평가자의 편의를 최소화해 결과에 대한 객관성을 확보할 수 있다. 또한 국제노동기구(ILO)에서도 권유하는 '동일노동 가치 동일임금 원칙'에 근거해 직무를 객관적이고 중립적으로 평가하는 방법이다. 국제노동기구에서는 차별을 예방하기 위해 모든 직무의 내용을 정확하게 서술하는 직무기술서와 각 직무를 기술, 노력, 책임, 작업조건 등의 4가지 기준을 정해 점수를 부여하는 방법을 권고하고 있다.

3
점수법을 활용한 직무평가 방법

점수법을 통해 직무를 평가하는 것이 다른 방법에 비해 객관성을 높일 수 있으며 국제적 기준에도 부합함을 확인했다. 그런데 점수법을 통해 직무를 평가하기 위해서는 직무평가 도구가 필요하다. 즉, 직무를 평가하기 위한 기준과 점수를 부여할 수 있는 각각의 기준에 대한 가중치가 정해진 〈표 6-2〉와 같은 구조를 갖는 직무평가 도구가 필요하다. 〈표 6-2〉를 좀 더 구체적으로 살펴보면, 가장 왼쪽에는 국제노동기구가 권고한 직무평가의 가장 주요한 4가지 요소인 기술, 노력, 책임, 작업조건

<표 6-2> 직무평가 도구의 구조

직무평가요소	하위항목	수준				
		1	2	3	4	5
기술 (가중치%)	A(가중치%)					
	B(가중치%)					
	C(가중치%)					
	D(가중치%)					
	E(가중치%)					
노력 (가중치%)	A(가중치%)					
	B(가중치%)					
	C(가중치%)					
책임 (가중치%)	A(가중치%)					
	B(가중치%)					
	C(가중치%)					
	D(가중치%)					
작업조건 (가중치%)	A(가중치%)					
	B(가중치%)					

이 있다. 그리고 기술, 노력, 책임, 작업조건을 구성하고 있는 하위항목이 있고 각 항목에는 가중치가 설정된다. 이렇게 설정된 가중치는 해당 항목이 갖는 점수의 비중이 된다.

각 항목은 수준으로 구분되어 점수가 5 수준으로 갈수록 증가한다. 〈표 6-2〉는 평가요소의 하위항목과 그 가중치들, 그리고 수준별 점수가 모두 빈칸이지만 이 빈칸들을 채우면 점수법을 통해 직무를 평가할 수 있는 직무평가 도구가 만들어진다.

<표 6-3> 직무평가 요소와 하위항목의 예[32]

평가요소	정의	하위항목 예
기술 (skill)	직무를 수행하기 위해 직무 담당자에게 요구되는 지식과 경험의 수준	지식, 경험, 전문지식, 커뮤니케이션, 문제해결, 분석기술, 외국어 능력 등
노력 (effort)	직무를 수행하기 위해 직무 담당자가 기울여야 하는 정신적 혹은 육체적 수고의 정도, 피로도, 긴장감 등	육체적 노력, 정신적 노력, 감정적 노력, 집중도 등
책임 (responsibility)	조직이 기대하는 성과 및 목표달성과 관련된 직/간접적인 영향력의 정도	영향력, 사람관리에 대한 책임, 서비스에 대한 책임, 재무자원에 대한 책임, 물적, 정보자원에 대한 책임, 연구 개발에 대한 책임 등
작업조건 (working condition)	작업의 환경으로 인해 직무수행 담당자가 불편해하거나 불쾌하게 느끼는 상황의 정도	직무환경, 작업환경, 위험도, 노동시간, 물리적 환경 등

32 유규창·이혜정. 2018.「산업별 직무평가 도구의 개발에 대한 방법론과 산업 적용 연구」. 인적자원관리연구, 25(2): 87-108쪽.

구체적으로 직무평가 도구를 완성해가는 과정을 살펴보자. 〈표 6-3〉은 직무평가의 주요 평가요소인 기술, 노력, 책임, 작업조건에 대한 설명과 각 요소에 포함되는 하위항목을 제시한다. 제시된 항목의 예 중에서 평가 대상이 되는 직무들을 적합하게 평가할 수 있는 항목들을 선정하고 해당 항목이 갖는 점수의 비중인 가중치를 설정하면 〈표 6-4〉와 같은 직무평가 도구가 도출된다. 각 항목과 항목의 수준을 정의하면 직무평가 도구가 완성된다. 이제 어떤 직무가 각 항목의 어느 수준에 해당하는지를 판단하고 그 수준의 점수를 합산하면 해당 직무의 점수를 도출할 수 있다.

만약 IT 기업의 직무를 평가하기 위해 직무평가 도구를 만든다면 직무평가 도구에 포함되는 항목은 제조업에 포함되는 항목과 다를 수밖에 없다. 그리고 업종별로 다른 항목이 포함되어야만 평가하고자 하는 업종 내 직무들을 타당하고 보다 정확하게 평가할 수 있다. 따라서 직무평가 도구는 무수히 많은 조합이 가능하다. IT 업종일 경우, 금융업일 경우, 사회복지 업종일 경우와 같이 각자의 다양한 상황과 직무체계의 특성에 따라 직무평가 도구에 포함되는 항목뿐만 아니라 해당 항목의 중요도인 가중치 역시 다르게 설정되어야 한다.

〈표 6-5〉는 수년에 걸쳐 수행한 업종별 직무평가 도구에 포함된 항목과 가중치를 요약한 것이다. 업종별로 직무체계와 내용, 상황 등이 다르기에 보다 타당한 직무평가 결과를 도출하기 위해서는 평가하는 기준과

<표 6-4> 직무평가 도구

직무평가요소	하위항목	척도				
		1	2	3	4	5
기술 (35%)	경험(12%)					
	문제해결역량(10%)					
	커뮤니케이션(6%)					
	전문지식(7%)					
노력 (16%)	육체적 노력(4%)					
	정신적 노력(6%)					
	재량권(6%)					
책임 (29%)	사람관리에 대한 책임(10%)					
	재무자산에 대한 책임(4%)					
	서비스에 대한 책임(12%)					
	물적자산에 대한 책임(3%)					
작업조건 (20%)	작업환경(9%)					
	정신적 직업환경(11%)					

수준	정의 및 설명
1	직무에 대한 가이드라인이 잘 수립되어 있어 행동의 선택사항이 거의 없는 직무
2	직무를 수행하기 위한 분석이나 상황에 대한 판단력이 매우 적은 직무
3	직무를 수행하기 위한 분석이나 상황에 대한 판단력이 종종 필요한 직무
4	직무를 수행하기 위해 분석이나 해석 그리고 다른 대안들과의 비교 등 복잡한 상황에 대한 판단력이 자주 필요한 직무
5	직무를 수행하기 위한 다양한 판단력뿐만 아니라 필요하다면 변화된 방법이나 절차를 개선(또는 기존 프로세스 보완)하는 것이 필요한 직무

가중치 역시 업종에 적합하게 설정되어야 한다는 가정에서 연구를 시작했다. 결과 역시 예상과 크게 다르지 않았다. 업종에 특화된 항목이 포함된 경우 그리고 같은 항목이라 할지라도 업종별로 다른 가중치가 부여되고 또는 업종과 관계없이 공통으로 포함된 항목들도 확인할 수 있다. 직무평가의 목적과 범위, 직무의 특성에 적합한 직무평가 도구를 별도로 선정해 실시해야 평가 결과의 공정성과 객관성을 높여 구성원들의 수용성을 높일 수 있다.

<표 6-5> 업종별 직무평가 도구 평가항목 및 가중치

평가요소와 항목		업종별가중치									
		보건의료	철강	호텔	은행	사회복지서비스	공공서비스	IT	제약	건설	조선해양
기술	지식	13.5		2		3		4	3		
	경험	15.7	12	4	6		12	9	4	6	15
	문제해결역량		15	12	7	11	10	11	11	15	9
	커뮤니케이션			11	5	9	6	6	9	8	
	직무처리 및 조작	11.3	5								
	(자격 및)전문지식				5	6	7	3	10	5	13
	대인관계	4.5									
	숙련도					7				7	23
	글로벌 능력			8							
가중치 합계		45	32	37	23	36	35	33	36	41	60

노력	정신적 노력	10.5	10		12	8	6	12	7	7	3
	육체적 노력	4.5		4			4				5
	집중도		11					9		6	3
	재량권			5		5	6				
	대외접촉			11	7	4			13		
가중치 합계		15	21	20	19	17	16	21	20	13	11
책임	사람관리에 대한 책임	7.6	13	12	9	21	10	10	5	9	4
	성과에 대한 책임			18	8			11	11	10	11
	서비스에 대한 책임			13	15	13	12	9	6		
	자산에 대한 책임				16		4				
	연구개발에 대한 책임							7			
	안전에 대한 책임		14						10	16	10
	물적자원에 대한 책임						3				
	환자 및 고객에 대한 책임	22.5									
가중치 합계		30	27	43	48	34	29	37	32	35	17
작업 조건	노동시간	6	4					4	5		
	작업환경	4	5				9			4	12
	위험도		11								
	정신적 작업환경				10	13	11	5	6	7	
가중치 합계		10	20	0	10	13	20	9	11	11	12

4
직무평가 결과 활용

직무평가를 시행하면 직무별 점수가 도출된다. 이 결과는 보상, 직군 관리, 성과 평가, 교육 훈련, 개발 등에 활용할 수 있다. 직무평가 결과는 일반적으로 임금에 활용된다. 이때 임금은 기본급, 직무의 가치를 기타 보상의 항목인 수당 및 보너스 형식에 반영한 다양한 항목이 있을 수 있다. 보상 외에도 직무평가 결과를 직무 간 상대적 가치를 비교해 유사한 직무 값을 갖는 직무들과 그룹으로 묶는 등 직무분류, 직군 설계 등에도 적용할 수 있으며, 관련 인사제도인 채용, 이동관리, 평가, 개발에도 연계해 활용할 수 있다. 유사한 직무평가 값을 갖는 직무들을 그룹으로 묶어 직무분류, 직군 설계 등에도 활용할 수 있다. 직군을 점수 분포에 따라 새로운 직군으로 재설계하는 등 직무평가 결과는 직무들의 가치 파악, 그리고 가치의 유사성과 차별성을 토대로 직군 재설계 또는 직무 그룹핑 등에 활용할 수 있다.

適所適材

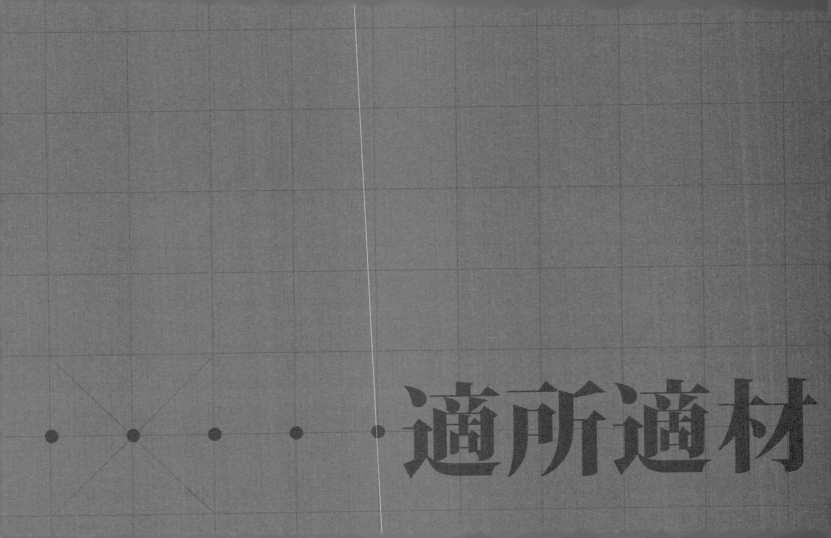

3부

적소적재의 구현

7장

적소적재 직무주의 채용

채용은 조직이 필요로 하는 인적자원을 노동시장에서 확보하기 위한 활동으로 크게 모집, 선발, 배치(사회화) 단계로 구분된다. 모집은 조직이 필요로 하는 자격요건을 갖춘 인력을 유인하기 위해 다양한 모집 원천을 통해 구인활동을 하는 단계다. 이 단계에서는 조직의 인재상 또는 필요로 하는 직무 능력을 갖춘 인재 풀(pool)을 파악해 지원하게끔 유도해야 한다. 모집 원천의 다양화와 함께 타깃팅, 홍보 등의 전략적인 유인(attraction)을 통해 적시에 원하는 많은 인재를 지원하게끔 하는 것이 이 단계의 주요 목적이다. 선발 단계에서는 모집을 통해 이루어진 지원자들의 채용 여부를 결정하는 과정이다. 따라서 정확성이 중요한 단계다. 조직에서 원하는 역량을 갖춘 인재를 정확히 판별할 수 있는 기준과 선발 도구의 역할 역시 중요하다. 마지막 배치 단계에서는 선발된 신규 인력의 조기 적응과 직무역량 향상을 위한 다양한 지원이 이루어진다.

지금까지 살펴본 내용은 일반적인 채용의 단계별 주요 목적과 활동들을 요약한 것이다. 이제 적소적재 직무주의 채용을 위한 현장에서의 변화된 모습과 향후 방향성 등은 어떠해야 하는지 채용 단계별로 살펴보자.

1
모집: 생생하고 구체적인 직무정보 제공

과거 대규모 공채와 적소적재 직무주의 채용의 목적과 채용 방법에는 많은 차이가 있다.

과거에는 주기적으로 대규모의 인력을 충원했던 공채방식이 주를 이루었다. 반면 적소적재 직무주의 채용은 필요인력과 필요 직무를 인력계획을 통해 도출해 채용 규모를 결정하며 그 시기가 주기적으로 정해지지 않는 차이점이 있다. 따라서 조직과 구직자 모두에게 상시적이고 지속적인 준비가 필요하다. 과거 '때가 되면' 이루어지던 채용 방식에서 이제 지원자들은 스스로 채용 공고를 검색해야 하며, 기업은 지원자들이 자신에 맞는 직무를 선택하고 직무에 대한 이해도를 높일 수 있는 효

과적인 정보를 제공하는 것이 중요해졌다.[33]

이를 위해서는 명확하게 직무기술서를 작성해 직무수행을 위해 필요한 지식, 역량, 관련 경험 등을 분석해 정리하는 것이 선행되어야 한다. 그리고 이렇게 분석된 직무정보는 모집 시 채용 기준으로 제시된다. 적소적재의 직무주의 채용을 위해서는 모집 단계에서부터 과거와는 다른 방식과 접근이 필요하다. 과거에는 입사 이후에야 자신이 맡게 될 직무를 알게 되었지만, 이제는 해당 정보를 명시적으로 제공해야 관련 직무역량을 갖춘 지원자들을 모집할 수 있다. 채용 예정인 직무에 대한 상세 내용과 필요 역량 등이 공지되고 채용 과정부터 지원자의 필요 직무역량과 조직이 지원자에게 기대하는 직무역량과의 매칭 과정이 이루어진다.[34]

또한 직무정보와 함께 입사 이후의 회사 생활과 수행 직무에 대한 생생한 현장감을 전달하기 위해 다양한 온·오프라인 채널이 활용된다. 과거 전통적인 모집의 원천이었던 캠퍼스 리쿠르팅, 채용 사이트 등에서 다양한 채널을 통해 회사 선배, 팀장, CEO, 외부 직무 전문가 관점에서 직무와 해당 조직의 문화와 제도들을 소개하는 형식으로 변화하고 있다.

---

33 HR Insight, 2021. 5. LG 전자. 「수시채용 도입해 직무별 맞춤형 인재 적시에 확보」 32쪽.

34 이혜정·유규창·명순영. 2019. 「직무중심 인사관리가 구성원의 태도에 미치는 영향」 조직과 인사관리 연구, 43(3): 149-176쪽.

[그림 7-1] 엘지 커리어스(LG Careers) 직무소개

LG전자
LG디스플레이
LG이노텍
하이엠솔루텍
하이프라자
하이텔레서비스
LG화학
LG에너지솔루션
LG생활건강
LG유플러스
LG CNS
S&I Corp.
LG경제연구원
지투알

R&D

Hardware　Software　기구

Design

Design

영업/마케팅

국내영업/마케팅　해외영업/마케팅　상품기획

생산/품질

생산관리/생산제조　QA　CS

지원/Staff

자재	구매	SCM	경영전략/기획	HR
재무	법무	홍보	총무	환경안전
시설기술				

R&D

Hardware　Software　기구

Hardware

Hardware Engineer는 제품에 대한 전반적인 설계 및 개발 Process를 이끌어 나가는 역할을 합니다. 업무는 크게 제품개발과 제품생산 Support, 원가 절감 활동, 신제품 발굴 및 특허 출원으로 구성됩니다. 제품개발에서는 모델의 Concept에 맞도록 회로를 구성하고 필요한 부품을 개발합니다. 이후 개발한 모델에 대한 작업 지도서 및 작업 능률 향상 방안을 도출하고, 양산 단계에서 발생하는 문제점들을 검토, 해결하는 제품생산 Support 작업이 필요합니다. 이와 함께 부품의 원가를 절감하는 작업을 구매 부서 등과 공동으로 수행합니다. 또한 제품 Idea를 발굴하고 관련 특허를 출원하는 작업 역시 필요합니다.

유관전공

전기전자/제어/전력 등

필요역량

우선 회로 설계 및 분석이 가능한 기본지식이 필요합니다. R(Resistance), I(Inductor), C(Capacitor) 등 기초부품에 대한 지식과 전자회로에 대한 이해가 필요하며 회로 분석 능력이 필요합니다. 이와 더불어 문제점을 다양하게 검토할 수 있는 열린 사고가 필요하며 정확한 판단력 역시 필요합니다.

출처: https://meet.lg.com/learn/duties/IntroduceDuties.rmi

[그림 7-1]은 LG 그룹의 채용 홈페이지에 공개된 계열사별 직무분류와 직무 내용이다. 최근에는 채용정보가 기업 문화, 직무정보들을 유튜브를 통해 제공하는 등 오프라인에서 온라인으로 이동하는 모습을 볼 수 있다. SK그룹의 SK커리어스(SK Careers), LG그룹의 '엘지 in TV', 현대자동차의 H-T.M.I., 롯데 엘-리크루이 TV(L-RecruiTV), 포스코 리크루트(POSCO Recruit) 등이 그 예라 할 수 있다.

[그림 7-2] LG in TV에서는 '읽어주는 채용 공고', '엘지인의 회사 생활' 등 실제 현업 근무자들이 들려주는 회사 생활과 직무 내용, 필요 역량과 자질 등을 소개한다.

직무주의 수시채용에서는 지원자들이 지속해서 기업들의 채용 공고를 확인해야 한다. 그런데 기업 측면에서 보면 기업의 모집공고를 '기업이 원하는 인재'가 보지 못하고 지나칠 가능성도 있다. 채용 시즌이 되면 지원자들의 이력서 접수가 이루어지던 시대가 아니므로 최대한 자신들이 원하는 역량을 갖춘 인재 풀을 미리 파악해 이들이 자발적으로 모집공고를 찾을 수 있도록 유인하는 기제를 만들어야 한다.

또한 구성원들의 경력, 문화, 보상 등에 대한 필요와 기대를 얼마나 잘 충족시켜 줄 수 있는지에 대한 직원가치제안(EVP, Employee Value Proposition)에 대한 방향성을 설정하고 구체적인 전략을 수립할 필요가 있다. 채용 불합격자 역시 시장에서의 잠재 고객이자 채용 브랜드에 다시금 영향을 줄 수 있는 대상이라는 관점에서 접근하는 등 매력적인 채

[그림 7-2] LG in TV 유튜브

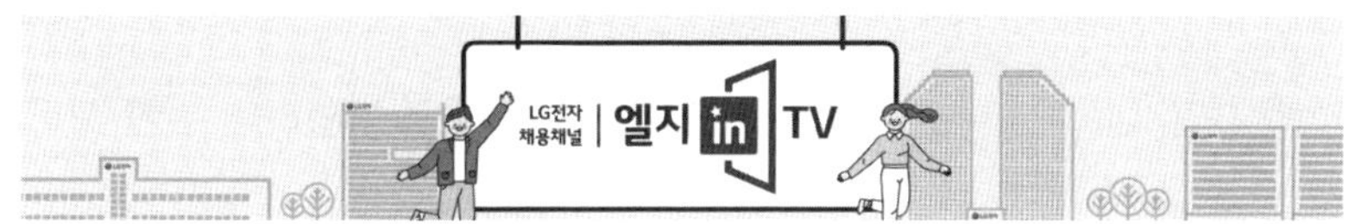

읽어주는 채용공고 ▶ 모두 재생

LG전자에서 필요한 채용 분야에 대해 실제 현업에서 근무하고 있는 팀장 또는 해당업무 담당자가 직접 지원자들에게 필요한 역량과 자질에 대해 친절하게 설명해 주는 코너

[읽어주는 채용공고]LG전자 채용계약학과를 소개합니다!

엘지inTV

조회수 1.9천회 • 3주 전

[읽어주는 채용공고] LG전자 해외 우수 R&D 인재 채용

엘지inTV

조회수 1.1천회 • 2개월 전

[읽어주는 채용공고] LG전자 Data Science 분야 경력사...

엘지inTV

조회수 463회 • 3개월 전

브이로그 : 엘지인의 (회)사생활 ▶ 모두 재생

LG전자 임직원의 하루 일과 엿보기. 회사생활부터 일상생활까지 낱낱이 들여다 보는 밀착취재 프로그램!

[VLOG] LG전자 서초R&D캠퍼스 연구원

[VLOG] LG전자 선행디자인연구소 디자이너

[VLOG] LG전자 H&A본부 창원R&D센터 연구원

용 브랜드 형성을 위해 노력해야 한다.

이렇게 형성된 기업의 채용 브랜드는 역량 있는 지원자들을 모집원으로 확보하는 데 중요하게 작용하게 될 것이다. 이제 채용에서 기업이 일방적인 주도권을 갖는 시대는 지나갔다. 지원자들의 니즈를 파악해 경쟁 기업보다 적극적이고 선제적으로 우수 인재를 모집하기 위한 전략을 수립해야 한다. 기업이 원하는 적합한 인재를 적시에 채용하기 위해서는 적합한 인재에 대한 정의, 수행할 직무에 대한 구체적인 내용, 인력계획을 통한 모집 시기, 차별적이며 매력적인 채용 브랜드 구축 등 체계적인 전략을 모색해야 한다.

2
선발: 직무역량 보유 여부와 고성과자의 예측율을 높이기 위한 선발도구 활용

선발 과정에서는 회사가 필요로 하는 직무역량을 갖추었는지 정확하게 파악해 채용합격 여부를 결정해야 한다. 이 과정에서 다양한 선발 도구와 방법들이 활용된다.

대표적인 선발 도구로는 자기소개서, 인·적성검사, 면접 등이 있는데 직무주의 채용을 위해서는 각 선발 도구의 활용 방법과 선발 도구의 다

〈표 7-1〉 입사지원서 예시[35]

1. 인적 사항					
* 인적 사항은 필수항목으로 반드시 모든 항목을 기입해 주십시오.					
지원 구분	신입 ( ) 경력 ( )	지원 분야		접수 번호	
성명	(한글)				
연락처	(본인 휴대폰)		전자우편		
	(비상 연락처)				

2. 교육 사항		
* 학교 교육은 제도화된 학교 내에서 이루어지는 고등교육과정을 의미합니다. 아래의 지시에 따라 해당되는 내용을 기입해 주십시오.		
학교교육		
• [무선통신시스템 설계] 관련 학교교육 과목을 이수한 경험이 있습니까?	예( )	아니오( )
• [무선통신시스템구축 감리] 관련 학교교육 과목을 이수한 경험이 있습니까?	예( )	아니오( )

* '예'라고 응답한 항목에 해당하는 내용을 아래에 기입해 주십시오.

교육과정명	주요내용	기관명	교육기간

3. 직무능력 관련 자격사항 (NCS 내 환경분석 내 자격현황 참고)
* 자격은 직무와 관련된 자격을 의미합니다. 직무기술서를 확인해 해당 자격증을 정확히 기입해 주십시오.

35 고용노동부. 2020. 『직무중심 인사관리 따라잡기』. 185-187쪽.

A. 국가기술자격	B. 개별법에 의한 전문자격
C. 국가공인 민간자격	**D. 기타자격**

4. 경력 사항

※경력은 금전적 보수를 받고 일정 기간 동안 일했던 이력을 의미합니다. 아래 지시에 따라 해당되는 내용을 기입해 주십시오.

• 기업조직에서 [무선통신시스템 설계] 관련 업무를 수행한 적이 있습니까?	예( )	아니오( )
• 기업조직에서 [무선통신시스템구축 감리] 관련 업무를 수행한 경험이 있습니까?	예( )	아니오( )

※'예'라고 응답한 항목에 해당하는 내용을 아래에 기입해 주십시오.

근무기간	기관명	직위 / 역할	담당업무

※그 외, 경력 사항은 아래에 기입해 주십시오

근무기간	기관명	직위 / 역할	담당업무

※자세한 경력 사항은 경력기술서에 작성해 주시기 바랍니다.

5. 직무관련 기타 활동

※직무관련 기타 활동은 직업 외적인(금전적 보수를 받지 않고 수행한) 활동을 의미하며, 산학, 팀 프로젝트, 연구회, 동아리/동호회, 온라인 커뮤니티, 재능기부 활동 등이 포함될 수 있습니다. 아래의 지시에 따라 해당되는 내용을 기입해 주십시오.

• [무선통신시스템 설계] 관련 활동들을 수행한 경험이 있습니까?	예( )	아니오( )
• [무선통신시스템구축 감리] 관련 활동들을 수행한 경험이 있습니까?	예( )	아니오( )

※'예'라고 응답한 항목에 해당하는 내용을 아래에 기입해 주십시오.			
활동기간	**소속조직**	**주요 역할**	**주요 활동내용**
※ 자세한 직무관련 기타 활동 사항은 경험기술서에 작성해 주시기 바랍니다.			

양화 등이 요구된다. 자기소개서의 경우 학점이나 경력, 성장과정같이 일반적인 내용보다는 해당 직무의 역량을 갖추었는지를 판별하는 것에 초점을 맞추어야 한다. 지원서 및 자기소개서에는 직무 능력과 관련된 지식, 수강 과목, 관련 경험(프로젝트 및 인턴 경험)과 자격증 등을 갖추었는지를 파악하는 것이 목적이 되어야 하며 면접 시에도 마찬가지로 이러한 부분을 검증하기 위한 질문 리스트를 개발해 면접을 진행해야 한다.

〈표 7-1〉은 무선통신 시스템 설계와 감리 직무 선발을 위한 입사지원서의 사례다. 일반적인 교육이 아닌 해당 직무와 관련된 교육 이수 여부, 직무 능력 관련 자격 사항, 국가기술자격, 전문자격 등의 취득 여부를 확인하고 경력 및 직무 관련 기타 활동 역시 해당 직무에 특화된 내용을 확인하기 위한 질문들로 구성되어 있다. 즉, 직무주의 채용 시 선발 도구들은 지원자가 직무역량과 직무 관련 경험이 있는지, 그리고 이것이 조직에서 요구하는 인재상에 부합하는지를 판별하는 것에 목적을 두어야 한다.

(우리는) 스펙을 없애고 자기소개서를 없앴으며 인적성검사를 생략했다. 대신 우리 회사와 잘 맞을지를 확인하는 것에만 집중했다. 이를 위해 AI 역량검사를 실시하고 개인별 특질을 확인하며 한 개인이 어떤 환경에서 어떤 조직과 만났을 때 최고의 퍼포먼스를 낼 수 있을지를 분석해 채용을 진행하고 있다.[36]

- HR 인사이트(HR Insight), 「마이더스아이티가 자소서 ZERO, 직무 FLEX 채용이 가능한 이유」 중에서

위의 인용문은 과학기술용 시뮬레이션 소프트웨어 개발 기업인 마이더스 아이티의 선발 관련 내용이다. 무척 파격적인 인용문이라고 생각한다. 마이더스 아이티에서는 지원자의 자기소개서가 고액 컨설팅을 받고 쓴 것인지 진심으로 쓴 것인지 분간하기 어렵고, 더욱이 글을 잘 쓴다고 해서 모두가 일을 잘하는 것이 아니라고 보아 자기소개서를 없앴다. 착한 사람이 일을 잘하는 것은 아니기에 인성검사를 없앴고, 적성검사는 제2의 수능이라 불리는 지식테스트와 유사해 이 과정을 모두 없앴다. 대신 AI 역량검사를 통해 G(기본) 검사에서는 조직 적합도를, S(심화) 검사에서는 직무적합도를 검증하는 절차를 거친다. G 검사에서는

36 HR Insight 2020. 11. p. 69~71. 「마이다스아이티가 자소서 ZERO, 직무 FLEX 채용이 가능한 이유」 69쪽.

조직 적합 중심의 역량정보로 핵심인재 중심의 선별이 이루어진다. G 검사를 통해 부적합 인재를 스크리닝하고 가능성 높은 인재를 선택하는 1차 스크리닝 과정을 거친다. S 검사에서는 1차 스크리닝을 통해 선별된 핵심인재들의 세부 역량을 상세하게 검토해 기업 및 직무 적합도를 심화 검증한다. 역량, 직군/직무 적합도 등의 상세하고 집중 검증을 통해 지원자의 역량을 심층적으로 분석한다. 이 검사는 고정 점수가 있는 것이 아니라 적합도를 확인하는 검사기 때문에 어떤 기업 어떤 직무에 응시하느냐에 따라 결과는 달라진다.

마이더스 아이티가 채용에 있어 필요하다고 여겨져왔던 일반적인 선발 도구들을 없앤 이유는 무엇일까? 기존의 선발 도구를 더 이상 사용하지 않는다는 것은 실효성이 낮다는 의미이고 실효성이 낮다는 것은 그 선발 도구들이 마이더스 아이티가 원하는 인재와 크게 관련이 없고, 입사 이후 '성과가 높을 것 같은' 직원들을 정확히 예측하지 못했다는 것을 의미한다.

선발 단계에서는 합격과 불합격을 판별하기 위한 다양한 선발 도구의 역할이 중요한데 선발도구의 역할은 신뢰도(reliability)와 타당도(validity)를 확보함으로써 가능하다. 신뢰도는 선발 도구를 통해 평가한 결과가 일관되게 나타나 해당 선발도구는 '믿을 수 있는 것'을 의미한다. 타당도는 '선발 도구가 원래 측정하고자 했던 것을 측정하고 있는가'를 의미한다. 사례를 하나 살펴보자.

[그림 7-3] 신뢰도과 타당도의 조합

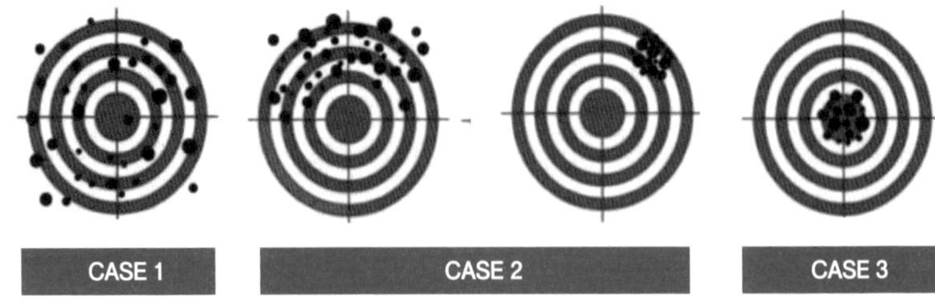

[그림 7-3]을 보면서 화살을 쏜 상황들을 가정해보자. 1번 사례(Case 1)는 4개 경우 중 최악의 경우라 할 수 있다. 중앙에 명중한 화살도 거의 없고 나머지 화살마저도 중구난방으로 결과를 도저히 예측할 수 없지만 확실한 것은 사격을 못 하는 사람이 쏜 결과라는 것은 짐작할 수 있다. 2번 사례(Case 2)는 1번보다는 나은 상황이나 썩 만족스럽지는 못하다, 어느 정도의 예측할 수 있는 범위 내로 화살을 쏘았으나 여전히 중심에 명중한 화살은 없다. 3번 사례(Case 3)는 우리가 원하는 상황으로 화살이 대부분 중앙을 중심으로 대부분 집중되어 있다. 분명 사격을 잘하는 사람이 쏜 것이 분명하다. 아마 이후 20발을 더 쏘더라도 비슷한 결과가 나올 것으로 예측할 수 있다. 일관되게 잘 쏘는 것도 중요하고 정확히 명중시킬 수 있는 정확도 역시 중요하다. 여기서 일관되게 잘 쏘는 것은 신뢰도의 개념이며 정확도는 타당도의 개념이다. 따라서 기업의 선발 도구를 통해 도출된 결과들이 어느 정도 일관되게 나타나 '믿을 수' 있어

야 하며, 도출된 결과를 통해 원하는 인재상과 부합하는지, 직무역량을 갖추었는지를 '정확하게' 파악할 수 있어야 한다.

또한 선발 도구가 갖추어야 할 타당성으로는 크게 내용타당도(content validity)와 예측타당도(predictive validity)가 있다. 내용타당도는 선발 도구가 측정하고자 하는 내용이 실제 업무수행과 관련된 것인가를 의미한다. 예측타당도는 지원자가 채용된 후 업무성과를 얼마나 예측해주는가를 의미한다. 이 두 타당도의 관점에서 보면 일반적인 사항이 담긴 이력서와 자기소개서, 직무역량과 상관관계가 떨어지는 질문 리스트로 진행되는 면접 등은 내용타당도가 떨어진다. 즉, 기업의 실제 업무수행과 관련도가 떨어지고, 입사 후 성과가 높은 지원자를 예측하지 못하는 선발 도구인 것이다.

즉, 주요 기업들이 직무를 사전에 공지하고 회사 생활을 미리 살펴볼 수 있도록 한 것, 마이더스 아이티가 선발 도구에 있어 획기적인 전환을 시도한 점은 자신의 회사가 원하는 직무역량을 갖추고 입사 이후 성과가 높을 가능성의 지원자를 판별하기 위한 예측타당도를 높이기 위한 체계적인 노력으로 해석할 수 있다.

LG전자는 2019년부터 소프트웨어(SW) 개발 직군 채용 시 CBT 기반 소프트웨어 프로그래밍 역량인증 시험을 의무화하고 있다. 이 역시 선발 도구에서의 타당성을 높이고 직무역량을 객관적으로 검증하기 위한 시도로 볼 수 있다. CC++, 자바(Java), 파이톤(Python) 중 가장 자신 있는 프로그래밍 언어로 응시할 수 있으며 온라인 자동채점을 통해 시험 종료 후 즉시 결과를 알 수 있다. 일정 기준 이상의 점수를 획득한 사람에게만 다음 전형 기회를 부여하며 지원자가 문제를 해결하는 과정 전체를 녹화해 단순히 결괏값만을 보는 것이 아니라 프로그래밍 과정 전체를 어떤 방식으로 풀어갔는지 상세하게 분석함으로써 지원자의 전문역량을 꼼꼼하게 점검한다. 이러한 객관화된 직무역량 검증 도구는 지원자의 직무역량 수준을 계량화해 빠르게 파악할 수 있을 뿐만 아니라 채용 담당자의 주관적 판단이 개입되는 것을 차단하고 면접위원의 평가자 오류를 방지하는 효과도 기대할 수 있다.[37]

3
배치: 현업에의 조기 적응과 이직률 저하를 위한 소프트 랜딩

선발이 확정되면 배치 및 사회화 과정이 진행된다. 직무주의 채용에서의 배치 단계에서는 현업의 조기 적응 및 수행 직무 적응에 초점이 맞추어져야 한다. [그림 7-4]는 SAP코리아(SAP Korea)의 '온보딩 페이지'

37 HR Insight, 2021. 5. LG 전자.「수시채용 도입해 직무별 맞춤형 인재 적시에 확보」 35-36쪽.

[그림 7-4] SAP코리아의 신규 입사 직원 온보딩 지원[38]

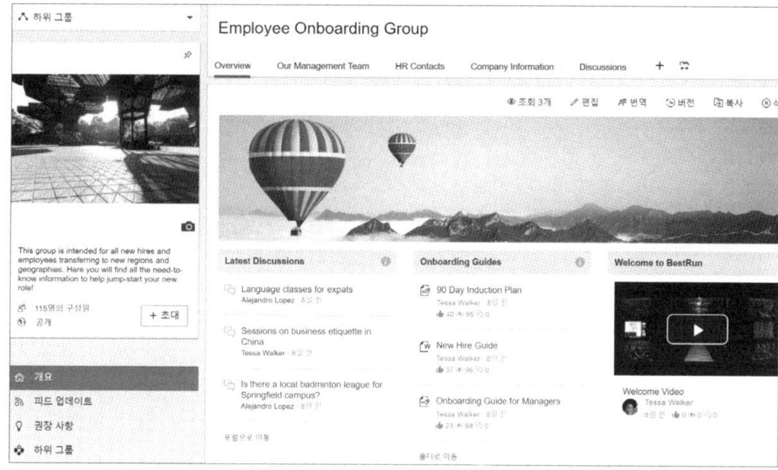

출처: SAP Korea 내부 자료

[그림 7-5] LG전자의 신입사원 교육체계[39]

공통교육 4-5주	**직무교육** 8-10주
그룹 교육(2주) LG인으로서의 소속감과 자부심을 갖고 LG WAY를 이해하고 실천함 → LG WAY	**직무 스킬 습득** 직무 영역에서의 성과 창출에 필요한 지식과 기술을 단련함
전자교육(1주) LG WAY와 전자 공통역량 기반으로 탁월한 업무 성과를 창출함 → 공통 역량 개발	**멘토링** 약 12주
본부교육(1-2주) 기본 업무 프로세스와 밸류체인에 대한 이해를 높임 → 밸류체인 / 업무 프로세스	**현업 조직 / 업무 적용** 구성원의 동기부여 및 조직 몰입도를 강화하고, 경력 및 직무역량을 강화함

다. 이 화면은 신규로 입사한 직원에게 해당 직무에 대한 각종 정보, 전문가 및 멘토, 관련 교육 등을 소개해 기업에 그리고 해당 직무에 매끄러운 '착륙'을 지원하기 위한 다양한 제도를 실행하고 있다. [그림 7-5]의 LG전자 신입사원 교육체계 역시 비슷하게 총 22주 동안 조기 역량 강화에 초점을 두고 직무 습득을 위한 직무교육과 현업 적응을 위한 멘토링 과정을 보다 장기적으로 진행한다.

직무주의 채용이 속인주의 채용과 가장 구별되는 차이점은 '직무에 대한 서로의 준비'라는 점이다. 지원자 입장에서는 해당 직무에 대한 과정을 학과, 강의, 관련 경험, 관심을 통해 만들고 준비하며, 기업은 직무에 대한 체계적인 분석을 통해 제공할 직무정보와 경력 비전을 제공해야 한다. 그리고 이 과정이 과거처럼 대동소이하게 그리고 유사한 기간에 집중해서 일어나는 연례 이벤트가 아니라 개별 기업마다 각기 다른 분야, 시기, 방법으로 진행된다는 특징을 갖는다. 하지만 그 다양함 안에는 이전에 간과하고 소홀히 여겼던 '적소에 대한 이해'라는 교집합이 형성되어 있다. 점점 이 교집합의 범위를 넓혀가려는 노력이 필요하다.

---

38 SAP Korea 내부 자료.

39 LG 전자 홈페이지(https://www.lge.co.kr/lgekor/company/careers/promote.do).

8장

적소적재 평가

직무주의 인사관리에는 두 가지 평가가 있다. 직무에 대한 평가와 사람에 대한 평가가 그것인데, 앞서 6장에서는 직무에 대한 상대적인 가치를 판단하는 직무평가를 다뤘다. 이번 장에서는 직무를 수행하는 사람에 대한 평가를 다뤄보려 한다.

사람에 대한 평가는 인사평가, 인사고과, 인사평정 혹은 성과평가 등 다양한 용어로 표현된다. 평가는 속인주의나 직무주의의 구분 없이 인사관리에서 가장 어렵고 중요하다고 말한다. 평가하는 것도 사람이고 평가를 받는 것도 사람이기 때문에 어려운 것이다. 사람은 기계와 달리 감정과 이성을 다 갖고 있으며, 때로 판단하는 과정에서 많은 오류를 범하기도 한다. 그럼에도 평가가 중요하며 기업들이 평가를 없애지 못하는 이유는 승진, 보상, 배치전환, 해고 등 인사결정의 기준점 역할을 하기 때문이다. 평가의 공정성과 객관성이 강조되는 이유이기도 하다.

속인주의 인사관리에 비해 직무주의 인사관리 하에서의 평가는 상대적으로 더 중요해진다. 속인주의에서는 승진이나 보상의 결정에서 연공서열이 더 중시되는 반면 직무주의에서는 대부분 평가의 결과에 의해 이루어지기 때문이다.

평가는 조직단위의 평가, 팀 단위의 평가, 개인 단위의 평가 등 여러 수준의 평가가 있는데 여기서 다루는 것은 구성원 개인을 대상으로 하는 개인 단위의 인사평가이다. 아래 그림에서 보듯이 인사전문가들이 평가

[그림 8-1] 평가제도의 주요 요소

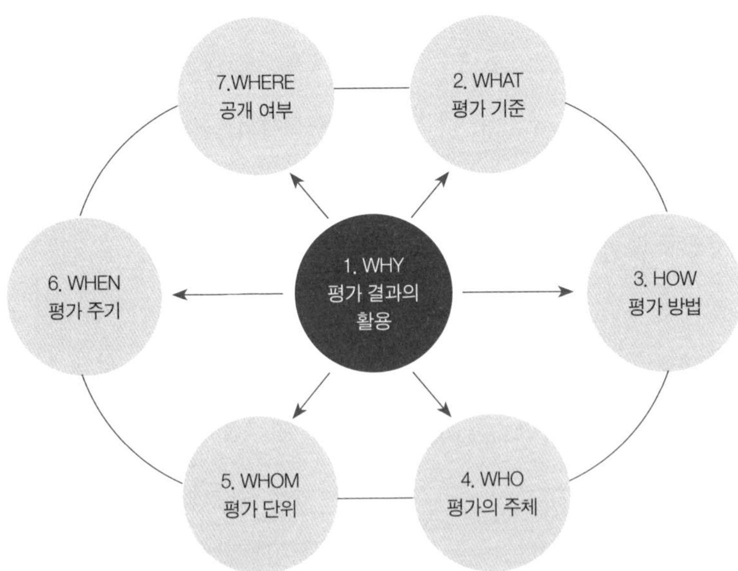

제도를 설계하면서 고려하는 요인으로 '6W 1H'가 있다.[40] 여기서는 이 책의 목적상 이 7가지 요인을 모두 논의하는 대신 적소적재 직무주의 인사제도를 도입했을 때 속인주의와 차별화되는 측면인 평가 기준(What), 평가 방법(How) 그리고 평가 결과 공개 여부(Where)에 집중하며, 평가 결과의 활용(Why)과 평가 주기(When)의 일부 내용을 다루고자 한다.

1
평가 기준(What): 태도·자질 Vs. 역량·성과

평가는 어떤 대상을 특정 기준을 갖고 측정하는 것이다. 이는 마치 체온을 재려면 온도계를 사용하는 것과 유사한 개념이다. 조직에서 구성원들이 일을 어느 정도로 잘하고 있는지 평가하려면 측정하고자 하는 기준이 있어야 한다.

그 기준으로는 두 가지가 있는데 첫째, 조직 생활 전반에 걸쳐 잘하고 있는지 판단하는 것과 둘째, 구성원이 맡은 직무를 잘 수행하는지 판단하는 것이다. 조직 생활 전반을 잘한다는 것은 대체로 구성원이 보유하고 있는 태도와 자질을 기준으로 하고, 직무를 잘 수행한다는 것은 구성

---

40 박우성·유규창. 2021.『리더를 위한 인적자원관리』. 창민사. 207-226쪽 참고.

원의 직무수행 역량이나 직무수행 결과(성과)를 기준으로 한다. 속인주의와 직무주의 구분할 것 없이 두 가지 측면 모두 중요하기는 하나 대체로 속인주의에서는 조직 전반에 관한 판단인 태도와 자질을 중시하고, 직무주의에서는 주로 구성원이 맡은 직무를 역할에 대한 판단인 역량과 성과를 중시한다.

자질(trait)은 개인에게 내재된 타고난 성품이나 소질을 말한다. 성격적 특성이나 인지능력, 육체 능력, 정신 능력, 감각 능력 등을 다양하게 포함한다. 태도(attitude)는 구성원이 조직 생활을 하면서 어떤 대상에 대해 느끼고 대응하는 일관된 성향을 말한다. 태도 평가에는 일에 대한 태도, 사람에 대한 태도, 조직에 대한 태도 등이 있으며 대체로 다음과 같은 기준들이 태도평가의 대상이 된다.

- 일에 대한 태도: 책임감, 적극성, 자발성, 자기계발, 추진력 등
- 사람에 대한 태도: 공정성, 신뢰감, 협력, 호의성, 친화력 등
- 조직에 대한 태도: 충성심, 규율성, 경영의식, 원가의식, 윤리의식 등

직무주의에서도 태도와 자질을 평가 대상으로 삼지 않는 것은 아니나 대체로 속인주의에서 더 강조된다. 속인주의에서는 관계주의 문화가 중시되고 단결과 협력이 강조되고 또한 전문성보다는 제너럴리스트를 선호하기 때문에 이와 관련성이 높은 태도와 자질을 주로 평가 대상

으로 삼게 된다.

반면 직무주의에서는 역량(competency)과 성과(performance)를 중시한다. 역량은 자질과 비슷하게 능력의 개념이 포함되어 있다. 둘의 차이라면 자질은 타고난 특성이라고 보지만, 역량은 개발 가능한 것으로 노력에 의해 개선이 되는 것으로 정의한다. 자질은 타고난 측면이 있고 개발이 쉽지 않아 채용 과정에서 미리 확인하게 된다.

자질이 조직 상황에 여러 직무에 걸쳐 공통으로 요구되는 능력이라면, 역량은 특정 직무를 수행하는 데 요구되는 능력을 말한다. 물론 역량의 유형으로 직무역량 이외에서 공통역량, 리더십 역량 등은 특정 직무에만 적용되지 않는 것도 있어서 역량 평가에 활용되기도 한다. 직무역량의 예로는 직무기술서의 예시로 제시되었던 자동차 영업 직무에 필요한 역량으로 MS-Office 활용 능력, 대출 약정체계 관련 기본 지식, 시장 동향 모니터링, 금융 및 금융상품 전반에 대한 지식, 문제해결 프로세스 이해, 여신 법률 지식, 기획력, 커뮤니케이션 능력, 논리적 의사 표현, 상황 분석 및 판단 등이 있다. 이처럼 역량은 직무의 성과와 직접적인 관련성이 높다. 또한 노력과 의지로 개선할 수 있기 때문에 직무주의 인사관리에서는 역량이 중요한 평가 기준이 된다.

한편, 성과는 구성원들이 수행한 직무의 결과다. 성과에 대한 평가의 방법은 간단하게 지표를 만들어 평가자에게 질문하는 등 여러 방법이 사용되지만 그중 목표관리제(Management by Objectives, MBO)가

가장 자주 활용된다. 최근에는 MBO 방식과 유사한 OKR(Objectives & Key Results)이 몇몇 다국적 기업과 한국 기업에 도입되고 있다. MBO나 OKR 모두 구성원이 자신의 직무에서 요구되는 책임과 역할 범위 내에서 1년간 (혹은 OKR의 경우 분기별) 목표를 설정하고 목표 달성 여부를 판단해 평가한다.

최근 많은 기업에서 OKR 방식을 논의하고 있다. 이 방식은 인텔과 구글에서 개발되어 주목을 받았고, 한국에서는 네이버나 당근마켓 등 IT 기업과 NH증권이나 한화생명 같은 금융권에서도 일부 도입하고 있는 것으로 언론에 보도되고 있다. OKR이 논의된 배경에서는 MBO에 대한 비판이 있다. MBO는 1년 단위로 목표를 설정하고 연말에 평가하기 때문에 빠른 환경 변화에 대응이 늦고 실시간 피드백이 어렵다는 단점을 가지고 있다. 이에 반해 OKR 도입의 대표 사례인 구글에서는 3·3·3 법칙, 즉 3개월 단위의 짧은 주기, 3개의 목표를 통한 집중, 그리고 목표당 3개의 핵심결과지표(Key results)를 활용해 추진력 향상을 노리고 있다. 하지만 이 방식은 아직 국내기업뿐만 아니라 다국적 기업에도 일반화되어 있지는 않다. 한편 OKR의 대표적 주창자이자 전설적인 벤처투자가인 존 도어(John Doerr)는 OKR을 직접적으로 평가에 활용하는 것을 추천하지는 않는다.[41] 향후 OKR이 평가제도와 어떻게 연계될지는 지켜봐야 할 것 같다.

목표관리제는 속인주의 인사제도와 문화에서는 정착되기 쉽지 않다. 목표관리제가 평가제도로서 기능하기 위해서는 개인별 목표가 분명해야 하고, 개인별 목표는 개인들에게 주어진 책임과 역할의 범위가 명확해야 한다. 책임과 역할은 직무기술서에 기술되어 있으므로 목표관리제의 출발점은 개인이 맡고 있는 직무의 직무기술서가 되어야 한다.

한국 기업에서는 유행처럼 목표관리제를 도입했지만 거의 유명무실화되었다. 그 이유는 적소적재 직무주의 인사관리의 기반 없이 시행하고 있기 때문이다. 목표관리제를 활용한 성과관리를 소개하고 있는 국내 서적 대부분이 개인별 목표보다는 팀별 목표에 초점을 맞추고 있는 것도 속인주의하에서는 개인별 목표 설정이 어렵기 때문이다. 물론 팀 단위 목표도 필요하며 목표관리제는 팀 단위 목표에 집중하는 것이 장점이 있으나, 이를 다시 개인별 평가에 반영하게 되면 공정성이나 객관성 등 각종 문제가 생기게 된다.

목표관리제(향후 OKR 포함)가 제대로 작동하기 위해서 가장 먼저 해야 할 일은 구성원 개개인이 수행하는 직무의 직무기술서를 갖추는 일이 되어야 한다. 물론 직무기술서가 잘 갖추어져 있다고 해서 목표관리제가 자동으로 성공하는 것은 아니다. 하지만 직무기술서 없이 목표관리제를 시행하는 것은 난센스에 가깝다.

---

41 존 도어. 2019. 『OKR』. (박세연 번역). 세종서적.

2
평가 방법(How): 상대평가 Vs. 절대평가

자본주의 체제에서 현대적인 기업이 생긴 이래 지난 100여 년간 기업에서의 평가 방법은 다양하게 개발되어 왔다. 그리고 이는 크게 상대평가와 절대평가로 구분할 수 있다.

상대평가는 다른 표현으로 규준참조평가(norm-referenced appraisals)라고 하고, 절대평가는 준거참조평가(criterion-referenced appraisals)라고 한다. 상대평가에서 규준(norm)이라 함은 평가 대상 집단의 다른 사람과 비교해 상대적인 서열을 정한다는 의미이다. 반면 절대평가에서 준거(criterion)라 함은 평가대상자를 평가할 때 사전에 정해진 기준이나 목표와 비교해 이에 얼마나 도달했는지를 판단한다는 의미이다.

〈표 8-1〉에서 보듯이 상대평가와 절대평가는 각각 장단점을 가지고 있다. 어느 한쪽이 다른 쪽보다 우월하다고 볼 수 없고, 상황에 따라 적절한 평가 방법이 달라질 수밖에 없다. 그래서 독일에서 출발해 1917년 미국에서 창업한 다국적 제약회사인 머크 사(Merck Sharp & Dohme, MSD)는 100년 넘게 사업을 영위하는 동안 상대평가와 절대평가를 주기적으로 반복해 활용해왔다. 한국 기업 역시 두 가지 평가 방법을 두루 사용해왔는데, 2000년대 들어와서는 대기업들을 중심으로 성과주의가 강화되면서 상대평가가 주를 이루고 있다.

반면 다국적 기업에도 최근 변화가 일어나고 있다. 한때 활력 곡선(vitality curve)으로 대표되는 GE는 상대평가를 보편적으로 사용했는데 지난 몇 년간 MS, 어도비(Adobe), 구글 등 다수의 다국적 기업들은 절대평가로 전환하고 있다. 오랜 기간 상대평가를 유지해왔던 GE도 절대평가로 바꾸었다. 앞서 OKR에서도 언급했지만, 경영환경이 빠르게 변화

〈표 8-1〉 상대평가와 절대평가

평가방법	상대평가	절대평가
평가도구	서열법, 강제할당법	행위기준척도법, 목표관리제(MBO)
장점	• 승진, 해고, 성과급 등 인사 결정에 적합 • 저성과자의 구분이 확실함 • 관대화를 방지할 수 있음	• 결과와 함께 과정에 초점을 맞출 수 있음 • 성과에 대한 피드백과 개선이 가능함 • 지나친 경쟁을 지양하고 협업이 용이함
단점	• 지나친 경쟁을 유도함 • 실제로는 차이가 없음에도 억지로 차이를 만들어야 함 • 대다수를 차지하는 중간 인재들의 사기 저하	• 관대화 등 평가 오류의 여지가 많음 • 관대화가 발생할 경우 평가제도 자체가 유명무실화할 가능성이 있음 • 저성과자는 보호하고 고성과자의 의욕은 저하될 가능성이 있음
적합한 상황	• 성과주의 인사 관행의 정착이 필요한 경우 • 개인 간 경쟁을 통해 동기부여가 필요한 경우 • 우수 인재와 저성과자를 구분할 필요가 있는 경우 • 관리자의 평가역량과 관리역량이 부족한 경우	• 경쟁보다는 성취감과 협업을 통한 동기부여가 필요한 경우 • 구성원들의 역량이 충분한 경우 • 고성과자와 저성과자의 구분이 모호하거나 의미가 없는 경우 • 관리자의 평가역량과 관리역량이 높은 경우

하면서 기업들이 고객들의 니즈를 시의적절하게 반영하려고 하는 애자일(agile) 조직관리를 도입하고 있다. 이에 따라 성과관리 방식도 연초에 1년 단위로 목표를 수립하는 것에서 분기 단위 혹은 심지어 1개월 단위로 목표를 수립하려는 변화가 시도되고 있다. 또한 스마트폰이나 클라우드 기반의 기술 발달로 인해 구성원 개개인들의 성과에 대한 점검이 수시로 가능해지고 피드백도 실시간으로 이뤄지게 되자 절대평가로 전환했다.

실상 직책자가 구성원들을 통제하고 규율하는 수단으로서 평가제도를 활용한다면 절대평가든 상대평가든 큰 차이가 없다. 속인주의 인사와 문화가 있는 한국 기업들은 평가제도를 통제와 규율의 수단으로 활용해왔던 것으로 보인다. 성과주의 인사제도를 도입하는 배경에는 진심으로 성과 향상을 기대했다기보다 이처럼 은연중에 조직관리의 수단으로 활용된 측면이 강하다고 할 수 있다. 하지만 평가를 연봉이나 성과급 등의 보상이나 승진에 반영한다거나 성과의 향상이나 역량의 개발을 위해 활용한다면 조직이 추구하는 목표나 상황에 맞추어서 어떤 평가제도를 선택하는가는 매우 중요하다. 고성과자와 저성과자를 구분해 성과에 따른 차등 보상과 승진을 추구한다면 상대평가가 적합하다. 그러나 구성원들의 성과를 향상시키고 부족한 역량을 보완해 육성하고 동기부여를 통해 기업의 성장발전이 목적이라면 절대평가가 바람직하다. 다국적 기업들은 역량 보완을 목적으로 평가제도를 바꾸고 있다.

그런데 절대평가가 되려면 준거참조평가가 필요하다. 사전에 준거, 즉 기준과 목표가 명확하게 설정되지 않으면 절대평가의 가장 큰 단점인 관대해지는 경향이 나타난다. 관대화 경향은 평가제도 자체를 무력화시킬 위험이 있다.

속인주의 인사와 문화 속에서 절대평가를 도입하면 거의 예외 없이 관대해지는 현상이 발생한다. 한국 기업들이 성과주의를 강화하면서 상대평가로 전환한 이유가 바로 절대평가의 관대해지는 경향 때문이었다. 다국적 기업처럼 한국 기업에도 절대평가의 필요성이 높아지고 있는데 적소적재 직무주의 기반이 없으면 절대평가의 도입은 과거의 부작용을 답습할 뿐이다. 구성원 개개인의 책임과 역할을 명확히 해야만 절대평가로의 전환으로 기대하는 효과를 달성할 수 있다.

3
평가 결과의 공개와 피드백(Where): 비공개 Vs. 공개

조직에서 평가 결과는 다양한 목적으로 활용된다. 대표적인 것이 승진이나 성과급처럼 구성원들의 처우에 직접적인 영향을 주는 인사결정이다. 또한 교육 훈련의 대상자 선정이나 구성원 개인의 역량 향상을 위한 정보의 제공 등 간접적인 인사결정도 있다. 더 나아가 선발 도구의 타당성 검증이나 고성과자와 저성과자의 차별적인 역량이 무엇인지 확인하기 위한 역량모델링 수립에 평가 결과가 활용되기도 한다. 선발 도구의 타당성 검증이나 역량모델링이 목적이면 평가 결과를 구성원들에게 공개할 필요가 없을 것이다. 반면 구성원 개인의 역량 향상이나 동기부여가 목적이라면 직무를 수행하면서 본인들이 무엇이 부족하고 어떤 면을 잘하고 있는지 알아야 하므로 충분히 정보를 제공해야 한다.

평가 결과를 공개할지, 그리고 공개한다면 어디까지 공개할 것인지는 조직의 판단에 달려 있으며 전략적으로 공개 여부를 선택할 수도 있다. 평가 결과를 공개하는 것 역시 장단점을 가지고 있다. 때로 과거에는 평가자에게나 피평가자에게나 아예 어떠한 정보도 공개하지 않는 '깜깜이 평가'의 경우도 있었다. 대체로 속인주의 인사제도와 문화 속에서는 평가 결과를 공개하지 않는다. 집단주의 문화에 익숙하고 연공서열형 승진이나 보상이 주를 이루기 때문에 평가 결과를 인사부서에만 집계하고 보관하는 경우다. 추후 해고의 결정이나 갈등이 있을 때 감춰놨던 평가 결과를 꺼내 활용하기도 했다.

이후 성과주의가 도입되고 평가가 연봉이나 인센티브에 반영되면서 공정성과 성차별 이슈가 발생하게 되었다. 평가가 승진에 반영되는 경우에는 더욱 공정성 이슈가 커지게 된다. 상사 입장에서는 오랫동안 함께 일했던 고참 대리를 과장으로 승진시켜야 하는 부담이 있으니 고과를 잘 주어야 할 수도 있다. 오히려 나쁜 점수를 주면 팀장의 리더십에 문제가 있다고 소문이 날 수도 있다. 그런데 문제는 성과주의를 도입하면서 상대평가를 하는 경우다. 성과와 관계없이 승진대상자인 고참 대리에게 고과를 잘 주려다 보니 어쩔 수 없이 승진 대상이 아닌 사람에게는 성과와 관계없이 나쁜 점수인 C나 D를 주어야 한다. 게다가 마땅한 사람을 찾기 어려우니 제일 힘이 없는 신입사원이나 여성 직원들이 하위 고과를 받는 경우가 있었다.

승진과 연봉이 모두 평가 결과에 연동되어 있으니, 평가 결과를 공개하지 않았지만, 연말에 자신이 받은 봉급표를 보면 대충 상사가 나에게 어떤 평가를 주었는지 알게 된다. 아무리 열심히 해도 평가 결과가 자신이 한 일과 무관하게 이루어지면 어떨지 상상해보자. 연말이 되면 사무실 분위기는 싸해지고 조금만 심기를 건드려도 폭발 일보 직전까지 가는 분위기가 되어버린다. 평가가 동기부여와 역량 향상에 도움이 되는 것은 고사하고 조직위 분위기와 사기만 저하한다면 도대체 왜 평가를 하는 걸까? 이것이 속인주의하에서 많은 인사담당자와 상사와 부하직원 모두 갖는 의문이다.

그렇다고 평가 결과를 공개하는 것이 항상 장점만 있는 것은 아니다. 평가 결과를 공개할 때도 모든 점수를 모든 직원에게 공개적으로 공표하는 것에서부터 구성원 개인들에게 본인 점수만 공개하거나 혹은 평가의 구체적인 내용까지도 공개하는 등 다양한 수준이 있다. 완전히 공개하는 경우는 드물고, 피드백 차원에서 공개하는 정도가 일반적이다. 평가 결과가 공개되면 구성원들이 자신의 장점과 약점을 파악해 향후 성과의 개선이나 역량의 개발에 활용할 수 있다.

평가 결과를 피드백하면 평가에 대한 수용도가 높아질 수 있고, 평가자들도 더욱 신중해지고 객관성과 공정성을 유지하려 노력하게 된다. 반면 평가에는 항상 오류가 발생할 수 있으므로 점수 결과에 대해 의견의 불일치가 발생할 수 있고, 상사와 부하직원 간에 갈등을 유발할 수 있다. 이로 인해 상사가 보수적인 자세를 취해서 거의 모든 구성원에게 높은 등급을 부여하는 관대화 경향을 보일 수 있다. 절대평가가 되면 이런 가능성이 더 커진다.

평가는 속인주의든, 직무주의든, 혹은 절대평가나 상대평가든 어렵기는 마찬가지이며 모두를 만족시킬 수는 없다. 이러한 평가의 본질적인 한계를 인정하고 부작용을 최소화하면서 구성원들의 역량을 향상시키고, 동기를 부여해서 개인과 조직의 성과 향상에 긍정적인 효과를 만들 수 있도록 노력해야 한다. 이 과정에서 평가자와 피평가자는 인사부서에 만들어놓은 평가제도를 실행에 옮기기만 하는 소극적인 자세가 아니라 평가제도를 부하직원의 역량과 성과를 개선하는 데 활용하는 적극적인 행위자로서 역할을 해야 한다.

이를 위해서는 인사부서에 과도하게 집중되었던 평가의 권한의 현장의 관리자에게 넘겨져야 한다. 다만, 적소적재의 직무주의가 뒷받침되어야 한다. 평가 결과가 제대로 피드백되려면 구성원들은 자신들의 책임과 역할을 명확하게 이해하고 있어야 하고, 상사는 부하직원들이 직무를 수행할 때 어떤 기대치가 있고, 요구되는 역량의 수준은 무엇인지 인지한 상태에서 어떤 면이 부족하고 무엇을 잘하고 있는지 면밀하게 관찰해야 한다.

9장

적소적재 직무주의 경력개발

직급에 따라 역할이 달라진다. 역할에 따라 필요한 스킬, 지식, 시간 관리 방법이 달라진다. 만약 새로운 자리로 승진한 리더가 승진 후에도 예전 역할을 고려한다면 그 조직의 파이프라인은 막히고 리더들은 성장하지 않는다. (…) 기업의 최대 리스크는 사람으로 인한 리스크다. 엉뚱한 사람이 높은 자리에 올라 잘못된 방향으로 조직을 끌고 가는 것이다. 이렇게 되면 파이프라인이 막힌다. 능력 있는 사람은 빠져나간다. 다른 곳으로 갈 능력이 안 되는 사람만이 남아 그렇고 그런 일을 한다. 당연히 회사는 성과를 내지 못하고 내리막길을 걷는다.[42]

42 램 차란·스테픈 드로터·짐 노엘, 『리더십 파이프라인』, 미래의 창, 서문 발췌.

- 램 차란, 스테픈 드로터, 짐 노엘, 『리더십 파이프라인』 중에서

위 인용문을 통해 '자리' 또는 '역할'에 필요한 지식과 역량을 갖추지 못한 리더가 조직 전체에 미치는 부정적인 영향력을 알 수 있다. 직급, 역할, 자리 모두에는 최소한의 요건이 있으며 이를 충족하지 못할 경우에는 상위 직책으로 이동시키지 않는 것이 원칙이다. 그러나 속인주의 인사관리의 한계에서도 언급했듯이 직급, 역할, 자리 등에 대한 정의와 분석, 필요 요건이 명확하지 않은 채 승진, 승격, 교육 훈련 등이 이루어진 경우가 많았다.

여기서는 직무, 직급(또는 직무 등급), 기능별 체계적이고 구체적인 직무정보와 기준을 토대로 인적자원개발이 이루어지는 과정과 예시들을 제시하고자 한다. 우선, 경력개발의 전체적인 과정에 대해 살펴보고 적소적재 직무주의 경력개발을 위한 구체적인 내용을 소개하고자 한다.

1
경력개발 프로세스

경력개발은 조직에서 현재, 그리고 미래의 목표 달성에 필수적인 역량을 구성원들이 습득할 수 있도록 지원하는 제반 활동으로 구성원 개

개인의 지식과 기술을 향상시키기 위한 교육 훈련과 구성원의 경력 경로를 설정하고 조직이 제공한 프로그램을 통한 육성 및 개발 과정 등이 포함된다.

전체적인 과정은 [그림 9-1]과 같이 나타낼 수 있는데* 첫 번째 진단 단계는 구성원의 현재 역량(As-is)과 바람직한 또는 요구되는 역량(To-be) 사이의 차이를 확인하고 경력관리에 대한 조직과 구성원의 니즈를 파악하는 단계이다. 이를 위해 조직이 추구하는 목표를 달성하는 데 필요한 역량이 무엇인지 현재 조직의 역량 수준은 얼마나 근접해 있는지 그리고 경력관리 활동에 영향을 미칠 수 있는 조직의 다양한 요인들을 검토한다. 또한 역량개발에서 강조해야 할 과업, 지식, 기술, 행동 등을 확인하는 과업분석, 구성원들의 역량 및 개발이 필요한 영역을 판단하기 위한 개인 분석 등이 이루어진다. 이 단계에서는 조직 내에서 개개인들이 성장할 수 있는 승진의 단계와 경력의 기회에 대한 정보를 제공하고 조직과 구성원이 역량 향상에 대한 목표와 세부 실행 계획을 세운다.

세 번째 개발 단계에서는 다양한 제도 및 프로그램을 통해 구체적인

* 경력개발 과정과 관련해 가장 널리 사용되는 모델은 ISD(Instructional Systems Development) 프로세스 또는 ADDIE 모형으로 분석(Analysis)→설계(Design)→개발(Development)→실시(Implementation)→평가(Evaluation)의 5단계로 구성된 모델이다. 본 책에서는 ADDIE 모델의 5단계를 4단계로 제시했다. 그러나 교육 훈련 및 역량 개발과 관련된 구성원과 조직의 니즈를 분석해 방향성을 설정해 대안을 모색한 뒤 실행해 그 결과를 측정 또는 판단하는 전체적인 과정에는 큰 차이가 없으며 각 단계의 내용에서 공통된 부분을 축약해 제시하기 위해 4단계로 구분했다.

활동 및 지원이 이루어지는 단계이며 마지막 평가 단계에서는 다양한 측정 지표와 방법으로 이전 단계에서의 제도 및 프로그램들의 효과성을 판단한다.

전체적인 육성 과정은 속인주의 인사관리와 직무주의 인사관리가 크게 다르지 않다. 그러나 적소적재 직무주의 인사관리에서는 경력관리의 대상이 직무 단위로 세분화되어 구체적으로 나뉜다. 진단 단계부터 직무, 과업, 구성원에 대한 분석이 이뤄지며 경력 경로 및 수준의 설정 방법, 구체적인 제도 및 프로그램에 적용된다. 적재적소 직무주의 경력관리를 위한 방법을 구체적으로 살펴보자.

[그림 9-1] 경력개발 프로세스

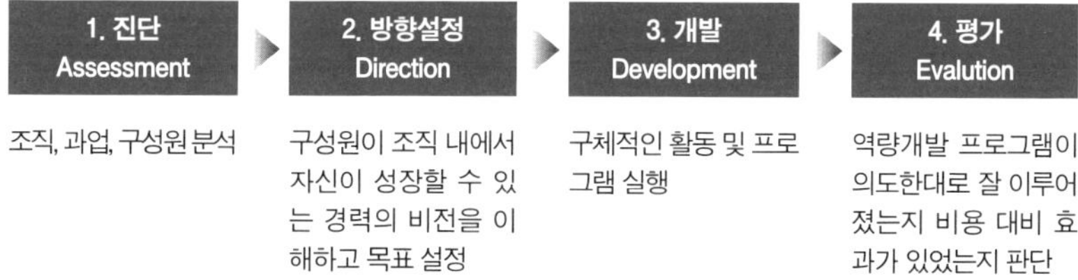
1. 진단
Assessment
2. 방향설정
Direction
3. 개발
Development
4. 평가
Evalution
조직, 과업, 구성원 분석
구성원이 조직 내에서 자신이 성장할 수 있는 경력의 비전을 이해하고 목표 설정
구체적인 활동 및 프로그램 실행
역량개발 프로그램이 의도한대로 잘 이루어졌는지 비용 대비 효과가 있었는지 판단

2
직무정보, 구성원 역량의 분석과 진단

진단 단계에서는 직무에 대한 분석*과 해당 직무를 수행하기 위해 현재 구성원들의 역량 수준이 적절한지, 적절하지 않다면 어떤 역량이 얼마나 부족한지 등을 파악한다. 직무의 구분이 합리적으로 구분되어 있고 직무들에 대한 분석이 체계적으로 이루어져 있다면 해당 직무를 수행하기 위해 필요한 기술, 지식, 역량, 자격 요건 등에 대한 정보를 확보했을 것이다.

이러한 직무정보를 토대로 〈표 9-1〉처럼 직무별 필요 역량을 도출해 필요 지식 및 기술과 연계해 경력관리 프로그램 계획 수립 시 활용할 수 있다. 예를 들어, 병원정보 시스템 운영 직무를 수행하기 위해서는 다양한 역량이 필요한데 이 중에서 변화대응 역량변경요구 대응 역량을 구성하고 있는 세부 역량들을 도출하고 각 세부 역량들을 개발하기 위한 필요 지식과 기술은 교육 및 개발 프로그램의 목표 또는 세부 내용과 연계해 활용할 수 있다.

* 5장에서 직무분석에 대한 내용을 이미 서술했다.

〈표 9-1〉 직무분석과 교육 훈련의 연계

역량명	역량단계별 세부 역량	세부 역량 정의		필요지식/기술
변화 대응 역량	Level 2	요구사항 분석 및 경력 설계	사용자의 프로그램 요구사항에 대한 이해와 분석을 수행할 수 있고, 이를 반영해 적합한 수준으로 스펙을 설계함으로써 고객 요구에 대응할 수 있다.	• 실무에 대한 이해 • 요구사항 분석 능력 • 영향도 예측 능력
		외부 연계 인터페이스 구축	병원의 외부 솔루션 현황에 대한 이해를 바탕으로 외부 솔루션과 의료정보시스템의 연계를 위한 인터페이스 해결방법을 제시할 수 있고 외부 업체와의 원활한 의사소통을 통해 적절한 연계방법을 구상할 수 있다.	• 타 솔루션 연계방법 이해 • 외부 업체와의 소통 능력 및 이해력 • 주요 타 솔루션 종류 및 구조 이해
	Level 3	변경구상 및 변경계획 수립	전반적인 의료정책에 대한 이해를 바탕으로 변경되는 계정 고시를 이해하고 해석해 기존 의료정보시스템과 접목해 프로세스를 수립할 수 있다.	• 의료법, 보험법 등 기본 의료정책에 대한 이해 • 의료정보시스템 전반에 걸친 지식 및 정보
		최적의 프로세스 설계 및 제안	각종 개발 회의에 참석해 사용자들로 해금 올바른 전산 프로세스를 따를 수 있도록 의견을 제시하며 더 나은 개선 방향을 제시할 수 있다.	• 병원 실무자 수준의 실무 업무에 대한 이해력 • 프로세스 설계 및 작성 능력 • 다양한 이해관계자의 설득, 조정 등을 위한 커뮤니케이션 기술

3
직무승진과 승급을 통한 경력 비전과 로드맵 설정

다음은 직무를 기반으로 한 경력 비전과 로드맵 설정이다. 속인주의 인사관리에서의 경력 경로는 승진과 밀접하게 연계되어 직급 중심으로 설계되었다. 조직에서 설계한 승진의 사다리에 맞추어 개인은 수동적으로 이동하며 해당 경력 레벨에 맞는 교육 훈련을 제공받는다.

직무주의 인사관리에서의 경력 경로는 직무 내용의 특성, 타 직무군과의 차별성 등을 토대로 경력 경로가 달라지며 해당 경력 경로 안에서는 직무의 내용과 난도, 책임의 범위 등에 따라 경력 레벨이 구분된다. 직무주의 경력관리가 이루어지기 위해서는 경력 경로 및 직무, 역량/기술 등에 대한 구체적이고 상세한 정보와 요건을 언제든지 확인할 수 있도록 지원해야 하고 직무 간 연결 관계를 통해 경력 경로를 제공하고 현재 수행 중인 직무와 관련 있는 직무들을 제시해 전체적인 경력 비전과 로드맵을 제공해야 한다.

[그림 9-2]는 직무주의 인사관리에서의 경력 경로와 경력 레벨의 예로 임원, 관리자, 전문가와 같은 3가지 경력 경로와 각 경력 경로 안에서의 경력 수준에 대한 정의의 예시를 보여주고 있다. 경력 경로는 '직군'의 개념과 유사하며, 하나의 경력 경로 안에서 수행 직무의 난도 및 특

[그림 9-2] 직무를 기반으로 한 경력 경로, 경력 레벨[43]

경력 레벨		경력 경로		
		E-Track (임원트랙)	M-Track (관리자트랙)	P-Track (전문가트랙)
	CL6	E2		
	CL5	E1		
	CL4		M3 (매니저)	P4 (전문가)
	CL3		M2 (팀 리더)	P3 (시니어)
	CL2		M1 (파트 리더)	P2 (주니어)
	CL1			P1 (엔트리)

M-Track(Management) 관리자 트랙		
M3	매니저	• 실무경험 풍부, 전술 및 운영에 관한 업무수행 결정에 영향을 줌 • 일반적으로 중기 계획에 대한 영향을 줌
M2	팀 리더	중/단기 계획운영, 실행에 대한 책임, 전략 측면보다는 수립된 정책의 실행 및 감독에 집중
M1	파트 리더	2인 이상 팀원관리, 직접예산 / 해고 권한은 없으며 코칭 및 멘토링 역할에 집중

43 고용노동부. 2020.『업종별 직무평가 도구 활용 사례집』 57쪽.

P-Track(Professional) 전문가 트랙		
P4	전문가 (Expert)	해당 분야에서 전문가적인 지식을 갖춘 경우, 복잡하고 전문화된 프로젝트를 수행할수 있으며 기존의 방법론을 현저히 발전시킬 수 있는 직무
P3	시니어 (Senior)	특정 분야에서 수년간의 경험을 쌓아 얻은 지식을 능숙히 응용할 수 있는 직무, 개별 성과자나 목표 달성을 위해 팀원에게 조언 및 지도하는 경우
P2	주니어 (Junior)	상사의 제한적인 관리하에 개별 성과를 내는 직무, 업무 수행에 있어 세부적인 요구사항에 부합하는 지식 및 기술을 갖춘 직무
P1	엔트리 (Entry)	상사의 직접적인 관리 하에 개별 성과를 내는 직무, 일반적으로 신입 직무에 해당

징에 따라 경력 레벨을 구분하고 있다. 그러나 속인주의와는 달리 직무주의 경력 경로에서는 연차별 승진 기준 또는 자동으로 승진한다는 개념은 없으며 상위 경력 레벨 또는 상위 직무로의 이동이 가능할 경우에 승진 또는 승급이 이루어진다.

또 다른 예로 [그림 9-3] SAP코리아의 승진 및 승급 체계도의 예를 살펴보자. 재무 분야 세금 직무의 예로 T1부터 T5까지의 직무의 레벨 또는 경력의 레벨을 구분하고 있으며 재무 분야 중 세금 직무를 좀더 세분화해 하나의 경력 레벨 안에서 다시 각각 3개의 등급으로 재구분하고 있다.

앞서 제시한 두 가지 예에서 보듯 승진 및 승급 체계도는 상위 직급으로의 승진 연한에 따른 것이 아니며 연차에 따른 자동적인 승진은 원칙

[그림 9-3] SAP코리아의 승진과 승급 체계도

Career Levels(예: Finance 분야 Tax)	
T5	세금 시니어 매니저(Tax Senior Manager) / 시니어 세금 전문가(Senior Tax Expert)
T4	세금 매니저(Tax Manager) / 세금 전문가(Tax Expert)
T3	시니어 세금 스페셜리스트(Senior Tax Specialist)
T2	세금 스페셜리스트(Tax Specialist)
T1	세금 어소시에이트(Tax Associate)

	Career Level	Grade Level
T5	시니어 매니저(Senior Manager & Chief Expert)	3
		2
		1
T4	매니저 전문가(Manager and Expert)	3
		2
		1
T3	시니어(Senior)	3
		2
		1
T2	스페셜리스트(Specialist)	3
		2
		1
T1	어소시에이트(Associate)	3
		2
		1

승진 (Promotion)

승급 (Progression)

적으로 불가능하다. 직무주의 인사관리에서의 승진 및 승급은 직무 등급 즉, 제시한 그림들의 예시에서의 경력 수준이 상위로 이동하는 경우인 '직무 승진'이 이루어지지 않으면 연차에 따른 자동승진은 발생하지 않는다. 승진은 구성원의 역할 범위에 있어서 변화가 있을 때 발생하는데, 여기서 역할 범위에서의 변화는 책임 범위(Accountability), 직무 난이도(Complexity), 경험(Experience), 커뮤니케이션의 기준 등에서의 요구 수준의 변화를 의미한다.[44]

따라서 [그림 9-3]의 재무 분야의 세금 관련 직무 중 T1 세금 어소시에이트(Tax Associate)인 사람이 5년 후에도 T2 세금 스페셜리스트(Tax Specialist)의 기준을 충족하지 못한다면 같은 T1 내에서 그레이드(Grade)의 승급은 가능하나 T2로 '직무 승진'은 일어나지 않는다.

---

44 이혜정·정응섭·정지현·한광모·유규창. 2019. SAP의 「직무중심 인사관리 사례 연구」. 인적자원관리연구, 26(2): 47-64쪽.

4
직무에 따라 차별화된 구성원 주도의 육성 프로그램 실행

최근에는 언택트, 비대면 환경에 적합한 경력관리 방식으로의 전환, 조직 중심이 아닌 구성원 중심의 자율적 학습과 자기주도적 학습에 대한 필요성이 높아지고 있다. 여기에 디지털 기술이 접합되며 육성 및 개발 방법 및 매체에서도 큰 변화가 일어나고 있다. 내용에서의 개별화와 다양성뿐만 아니라 전달 방식에서도 기존의 집체 교육과 강의 위주의 교육에서 큰 변화가 일어나고 있다.

그 예로, SK그룹은 2019년에 연구와 교육 기능을 통합한 SK 유니버시티(University)에서 구성원들이 스스로 학습할 수 있는 온라인 플랫폼인 마이써니(mySUNI)를 개설했다. 또한 3M은 글로벌 조직 운영의 효율성

[그림 9-4] SK그룹의 마이써니와 3M의 디벨롭 유

[그림 9-5] 포스코의 상호학습 플랫폼 포스튜브

을 높이고 학습자 주도의 비대면 온라인 교육을 위한 러닝 포털인 디벨롭 유(Develop U)를 구축했다[그림 9-4]. 두 사례 모두 플랫폼을 기반으로 학습자가 주도하는 온라인 교육이라는 점에서 공통점을 갖는다. 기존의 경력관리에 대한 접근이 주로 특정 계층이나 직무별 대상에 따라서 현재의 필요한 역량을 일정 기간 동안 주어진 계획에 따라 정형화된 학습의 형태였다. 그러나 SK그룹의 마이써니는 그룹의 전 구성원이 현재뿐만 아니라 미래의 역량을 회사의 주도가 아닌 구성원 스스로 학습해 경력개발까지 자발적으로 연계하는 새로운 형태의 교육 플랫폼이다.

3M의 디벨롭 유는 최신 학습 정보를 전 세계 모든 직원에게 시간과 장소의 제약 없이 제공할 수 있으며 마이크로 러닝 방식으로 학습자가 배우고 싶은 내용을 검색하면 짧은 강의나 영상, 도서 요약을 수강할 수 있다. 5분에서 20분 단위로 세분화되어 있는 모듈 형태는 직원들이 자기 주도형으로 학습할 수 있도록 돕는다.[45]

[그림 9-5]는 포스코의 쌍방향 학습 플랫폼인 포스튜브다. 안전, 공통, 선강, 압연, 정비, 사무 등 총 6가지 카테고리로 구분되어 약 300건 이상의 다양한 직무 노하우 UCC가 업로드되어 있다. 직원들 간에 필요한 지식을 서로 요청하고 함께 공유할 수 있도록 직접 UCC를 제작해 직무 노하우를 공유하도록 해 한쪽 방향으로 이뤄지는 주입식 교육만으로는 충분한 학습 효과를 기대하기 어려웠던 환경에서 쌍방향 학습 플랫폼의 도입으로 그 한계를 극복하고자 노력한 시도로 볼 수 있다.

이처럼 전통적인 교육 방법과 채널에의 변화가 일어나며 자기주도적 학습, 학습과 연구의 연계, 비정형화된 방식과 콘텐츠 등이 많이 활용되고 있다.[46] 무엇보다 현재 업무수행과 관련된 직접적인 내용과 관련 직무들 또는 자신의 경력관리 및 선호 분야에 집중되어 교육이 이루어지는 등 과거와는 많은 변화가 일어나고 있다. 이제 한 직장에서의 더 높은 직급으로의 승진, 고용안정이 중요시되던 전통적인 경력의 시대는 갔다.

그리스 신화의 해신(海神)인 프로테우스(Proteus)는 자신의 모습을 주어진 상황과 환경에 따라 자유자재로 변신할 수 있는 능력을 갖추었다고 한다. 이에 '변화무쌍한'이란 의미의 영어 단어인 '프로티언(protean)'

---

45 HR Insight, 2020. 6.「한국 3M. 학습자가 주도하는 비대면 온라인 교육」 26쪽.

46 HR Insight, 2020. 6.「쌍방향 학습 플랫폼 도입으로 임직원 직무 노하우 공유」 40-41쪽.

의 어원이 되었는데 경력 연구의 권위자인 더글러스 홀(Douglas T. Hall) 교수가 새로운 경력 모형으로 제안한 프로터 경력(Protear career)은 바다의 신 프로테우스에서 비롯된 개념이다.[47] 급변하는 환경에서 자유롭게 변화하고 적응할 수 있는 역량을 개발하고 자신의 가치를 높여가는 모형을 의미한다. 즉, 고용가능성(employability)을 높여 자신의 경력을 스스로 선택하고 책임져야 함을 의미한다. 이제 조직이 나에게 어떤 경력개발의 기회를 제공해줄 수 있는가가 직장 선택과 유지에 중요한 기준이 되었다.[48]

이처럼 조직은 직무(직급 또는 직무 등급) 기능별로 직무에 대한 체계적인 정보와 전체적인 경력 비전과 달성 방안을 제시함으로써 구성원과 조직이 함께 성장할 방법을 모색해나가야 한다.

---

47 Hall, D. T. 1996. Protean careers of the 21st century. *The Academy of Management Executive*, 10(4): 8-15.

48 박우성·유규창. 2019.『리더를 위한 인적자원관리』. 창민사. 249쪽~251쪽 참고.

10장

적소적재 직무주의 보상

적소적재 직무주의와 적재적소 속인주의 사이에서 가장 논란이 많은 분야가 보상이다. 그도 그럴 것이 보상은 기업으로서는 비용과 직접 관련성이 높지만, 근로자로서는 생활과 직결되기 때문에 이해관계가 첨예할 수밖에 없다. 직무주의를 반대하는 경우에도 대체로 채용이나 평가 및 경력개발에 대해 반대하기보다는 직무주의 보상인 직무급에 반대하는 경우가 대부분이다.

직무급에 대한 오해와 진실에 대해서는 2장에서 이미 다뤘으므로 여기서는 속인주의 보상인 연공급과 비교해 직무급이 보여주는 가장 큰 차이인 공정성을 중심으로 살펴보고자 한다. 직무급은 동일노동·동일임금과 동의어에 가깝다. 동일노동·동일임금이 국제노동기구나 OECD

국가들에서 강조되는 이유는 바로 동일노동·동일임금(직무급)이 공정성을 확보하는 데 최적의 보상제도이기 때문이다.

1
임금체계와 직무급

먼저 보상의 개요를 간략하게 살펴본 후에 직무급과 공정성의 관계에 대한 구체적인 모습을 논의하고자 한다. 보상은 크게 보면 직접보상인 현금보상과 간접보상인 복리후생으로 나뉜다. 직접보상인 현금보상을 임금(pay)이라고 한다. 조직에서 임금을 관리하기 위해 고려하는 것은 [그림 10-1]에서 보이는 임금수준, 임금구성, 그리고 임금체계다.[49]

[그림 10-1] 임금 관리의 주요 요소

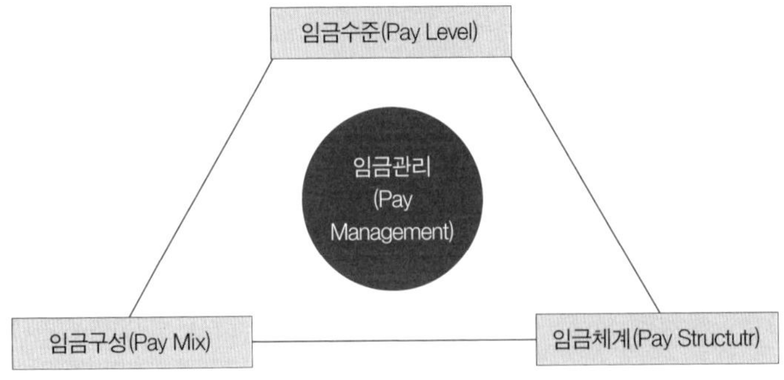

임금수준은 한 기업에서 직원들에게 지급되는 평균급여 수준을 의미한다. 기업의 지불 능력과 경쟁력, 동종업체의 임금수준, 지리적 위치, 그리고 근로자의 역량 수준 등을 고려해 전체적인 임금수준이 결정된다. 임금의 경쟁력을 유지하는 한편 회사의 재정적 상황을 고려한 적정 수준의 임금 설정이 중요하다. 임금구성은 직원들에게 지급되는 총보상이 어떻게 이루어지는지를 의미한다. 고정급인 기본급, 기본급 인상, 고정상여와 변동급인 개인성과급, 집단성과급, 단기성과급, 장기성과급, 기타 인센티브 비중이 어떻게 구성되는지를 결정하는 것이다. 임금구성에서는 기업의 상황에 맞는 합리적인 구성비율과 지급형태가 중요하다.

임금수준과 임금구성에서도 속인주의와 직무주의 간 차이가 다소 있기는 하나 가장 큰 차이는 임금체계에 있다. 임금체계는 개별 구성원들의 임금을 어떤 기준과 원칙에 의해서 지급할 것인지 결정하는 것이다. 대표적으로 나이와 연차를 기준으로 기본급이 결정되는 임금체계는 연공급, 직능이 기본급의 기준인 임금체계는 직능급, 직무의 내용이나 가치가 기본급의 기준인 임금체계는 직무급으로 구분된다.

---

49 Gerhart, B., Milkovich, G. T., & Murray, B. 1992. Pay, performance, and participation. D. Lewin, O. S. Mitchell, & P. D. Sherer(eds.), *Research Frontiers in Industrial Relations and Human Resource*, Madison, WI: IRRA, pp. 193-238.

2
공정성과 직무급

직무급은 공정성의 원리에 기반해 설계된 임금체계다. 공정성을 바라보는 시각은 다양하겠으나 기본적으로 [그림 10-2]에서 보는 것처럼 나와 다른 사람과의 비교에서 발생하는 데 절대적인 비교가 아니라 상대적인 비교에서 공정성 문제가 발생한다. 예를 들어, 공정성과 관련된 다음 글 '교실에서의 사례'를 살펴보자.

[그림 10-2] 공정성 이론

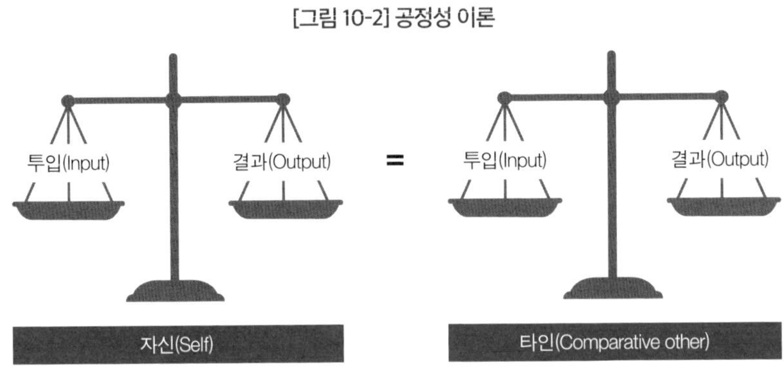

'나'는 이 과목을 수강할 때 결석이나 지각없이 성실하게 출석했고 발표 및 과제 그리고 시험 모두에 많은 시간과 노력을 들였다. 그 결과 A+라는 만족할 만한 결과물을 얻을 수 있었다. 따라서 공정하다고 느꼈다. 그러나 함께 수업을 들었던 내 친구의 학점이 궁금해 연락해본 결과 방금 느꼈던 공정성은 순식간에 사라져버렸다. 그는 F만 면할 정도로 출석했으며 발표 및 과제 모두 친구들의 도움으로 겨우겨우 완성해 제출했는데도 그 역시 A+를 받았다고 좋아하고 있었기 때문이다.

처음 나의 만족감은 투입(시간과 노력) 대비 결과(학점)를 비교했을 때 느낀 것이지만, 사람들은 곧바로 타인과의 비교를 통해 공정성을 인지한다. 나와 유사하고 비슷한 상황과 처지에 있는 사람 또는 집단과 비교해 타인의 투입 대비 결과와 나의 투입 대비 결과를 비교해 공정성을 지각하게 된다.

학점이 불공정하다고 느낀 '나'의 이후의 모습과 행동은 어떨지 생각해보자. 이 과목과 이 과목을 가르친 교수에게 긍정적인 생각을 유지한다는 것은 매우 어려울 것이다. 후배들에게 그 수업에 대한 나쁜 점을 이야기할 가능성이 높다. 그 교수의 다른 수업을 듣는다고 해도 이 과목을 수강할 때처럼 최선을 다해 열심히 노력하지 않을 것이다. 이전의 교훈이 있기 때문이다.

이처럼 공정하지 못한 보상은 사람들의 태도와 노력의 정도 그리고 보상의 주체 더 나아가 관련 주체들에 대한 부정적 시각과 결과를 일으키게 된다.

3
직무급 설계 과정

직무급을 설계하는 과정은 곧 보상의 공정성을 확보하는 과정이라고 할 수 있다. 직무급에서는 공정성을 확보하기 위해서 내부공정성, 외부공정성, 개인공정성을 고려한다.

내부공정성은 조직 내 구성원들 간의 보상 격차가 합리적인 차이와 기준에 의할 때 느끼는 공정성을 의미한다. 외부공정성은 타 조직과 비교 시 보상 수준이 적정하다고 판단할 때 느끼는 공정성이다. 그리고 개인공정성은 동일 직무를 수행하는 개인 간 차이에 의해 보상의 격차가 적정하다고 판단할 때 느끼는 공정성을 의미한다.

[그림 10-3]에서 보듯이 직무급을 설계하는 과정은 내부공정성, 외부공정성, 내부와 외부의 결합, 그리고 개인공정성 등 4단계로 구분할 수 있다.

첫 번째 단계는 기업 내부의 직무평가를 통해 내부공정성을 확립하는 것이고, 두 번째 단계는 외부의 임금 조사를 통해 적절한 임금수준을 탐색하는 단계이다. 세 번째 단계는 기업 내 직무평가 결과와 외부 임금 조사 결과를 결합(Combine)하는 단계로 기업의 임금 정책선을 결정하고 임금등급의 수와 범위를 결정하는 단계이다. 마지막으로 네 번째 단계는 개인공정성을 확보하기 위한 단계로 조직 내 동일직무 담당자 간의 성과 및 역량의 차등을 보상에 반영하는 단계이다. 각 단계에 대한 구체적인 내용은 다음과 같다.

3.1. 내부 공정성: 직무평가

직무급 설계의 첫 번째 단계인 내부공정성은 구성원들이 수행하는 직무의 가치에 따라 보상을 결정하기 위한 것이다. 여기서부터 적재적소 속인주의와 차이가 나는데 적소적재 직무주의에서는 모든 직무가 동일한 가치가 있다고 보지 않는다. 물론 모든 직무는 조직에 기여하기에

[그림 10-3] 직무급 설계 과정

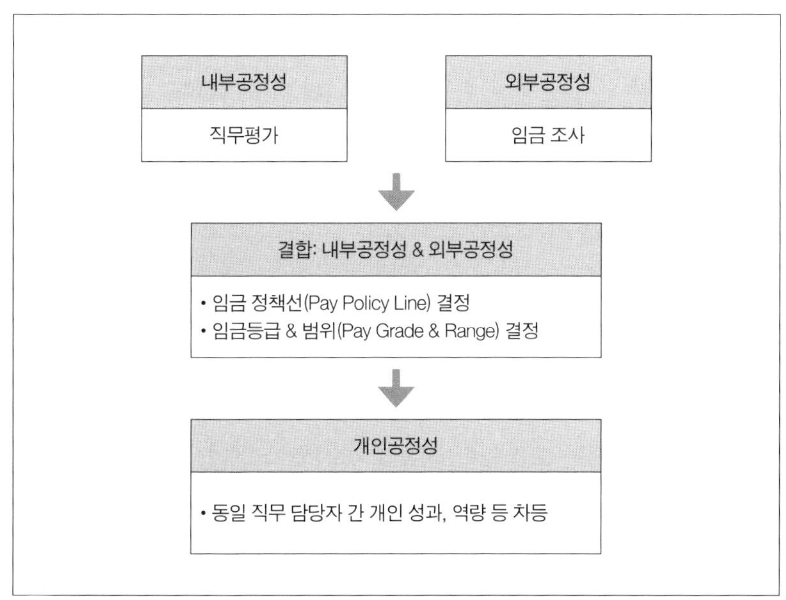

나름의 가치가 있다. 그러나 동일하지는 않다. 한 예로 회사의 CEO와 운전기사의 직무는 둘 다 중요하지만 가치가 같다고 볼 수 없다. 만약 CEO와 운전기사의 보상을 같게 한다면 대부분 사람이 동의하지 않을 것이다.

이처럼 직무의 가치가 다르다는 전제가 적소적재 직무주의 보상의 출발점이다. 동일노동·동일임금이 동일한 노동, 즉 동일한 직무에 대해서 동일한 임금을 지급한다는 것인데, 이를 다른 말로 표현하면 동일하지 않은 직무에는 동일하지 않은 임금을 지급해야 한다는 것이다.

내부공정성은 바로 직무의 가치에 맞게 보상 수준을 결정하기 위한 과정이다. 여기서 가장 중요한 것이 직무의 가치를 어떻게 판단할 것인가 하는 점이다. 이 책의 2부에서 적소적재의 기본개념으로 다루었던 직무분류, 직무분석 그리고 직무평가에 의해 이루어진다.

직무평가는 내부공정성을 확보하기 위한 것이기 때문에 직무평가 자체의 과정도 공정하게 이루어져야 한다. 그렇지 않으면 절차적인 공정성 시비에 휘말릴 수 있다. 이를 위해서 직무평가를 하기 위한 첫 번째 작업은 직무평가위원회의 구성이다. 일반적으로 직무평가위원회는 관리자와 직무전문가(Subject Matter Expert, SME)로 이루어지는데 노동조합이 있는 경우에는 노동조합 대표도 참석해야 하며, 상황에 따라서는 외부전문가도 참여한다.

직무평가위원회는 직무평가 도구의 선정, 직무평가자의 선정 그리고 전체적인 절차와 결과의 해석에 대해 권한을 갖는다. 구성원들의 이해를 높이기 위해 직무평가자와 구성원들을 대상으로 설명회 또는 교육을 진행하기도 한다. 직무평가위원회는 해당 조직의 직무를 충분히 파악하고 있어야 하며 직무평가 과정에 대해서도 이해가 있어야 한다.

직무평가는 결과의 타당성뿐만 아니라 구성원들의 수용성이 매우 중요한 과정이다. 직무평가를 위한 도구 확정 과정 그리고 평가를 위한 절차, 평가자들의 선정 등의 다양한 부분에서 객관성과 공정성을 높이기 위한 노력이 이루어져야 한다. 따라서 적절한 직무평가자를 선정하고 교육하는 과정, 그리고 직무평가의 목적 및 개요에 대해 구성원들에게 이해도를 높이고 공감대를 형성하기 위한 소통이 중요하다.

앞서 6장에서 설명한 것처럼 직무를 평가하는 방법에는 서열법, 분류법, 요소비교법, 점수법 등의 다양한 방법이 존재하나 이 중 점수법을 활용한 직무평가 방법이 가장 널리 사용된다. 물론 직무평가의 목적이나 상황에 따라 점수법이 아닌 다른 방법 또는 두 가지 이상의 방법을 병행할 수도 있다. 점수법에서 활용하는 평가 기준과 방법, 가중치 부여 등에 대해서도 6장에서 상세하게 설명했다.

좀 더 구체적인 직무평가 방법에 대해서는 2020년에 고용노동부에서 발간한 『직무중심 인사관리 따라잡기』를 참고해도 좋다. 점수법을 활용한 직무평가의 결과물은 [그림 10-4]와 같이 직무별 직무평가 점수와 순위([그림 10-4] 왼쪽) 또는 직군별 직무평가 결과의 분포도([그림 10-4] 오

[그림 10-4] 직무평가 결과 예시 1

직무	평가점수	순위
해상영업	812	1
항공영업	791	2
프로젝트 영업	785	3
KAM 영업	784	4
인사	780	5
해상 Pricing	717	6
TSR 운영관리	710	7
총무	706	8
TCR 운영관리	680	9
장비관리 운영	677	10
컨테이너 해상 수출 운영	670	11

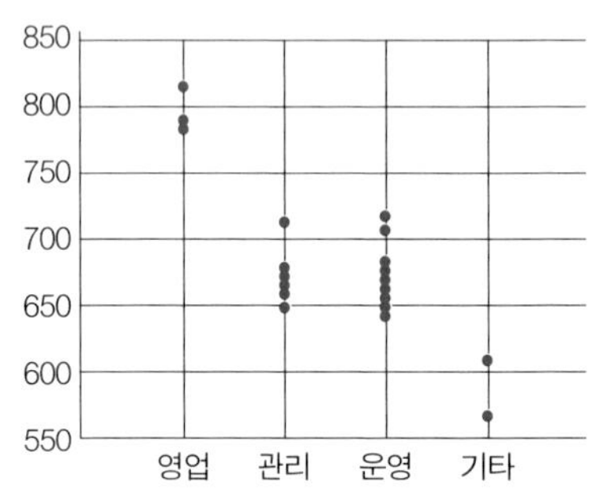

[그림 10-5] 직무평가 결과 예시 2

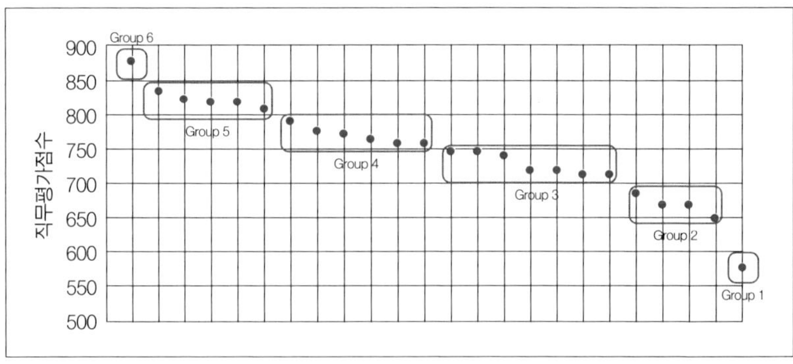

른쪽)처럼 도출되며 [그림 10-5]와 같이 전체 직무의 직무평가 점수의 분포를 확인할 수 있다.

그림에서처럼 내부공정성 과정에서는 직무의 상대적인 가치는 도출했지만, 아직 개별 직무에 대한 구체적인 보상 수준을 결정하는 것은 아니다. 이것은 외부공정성 과정을 거쳐 내부공정성과 외부공정성을 결합한 후에 결정된다.

3.2. 외부 공정성: 시장임금조사

외부공정성은 우리 조직의 임금수준이 다른 조직과 비교해 적절한지를 판단하는 과정이다. 주로 경쟁회사들의 임금수준과 비교한다. 내부공정성이 조직 내부에서 직무 간 가치의 차이를 비교했다면 외부공정성은 이 비교를 우리 내부에서만이 아니라 다른 경쟁 회사와 하는 것이다. 이를 시장임금조사라고 한다.

적재적소 속인주의 인사관리를 하는 경우에도 대부분의 대기업은 시장임금조사를 한다. 우수 인재를 확보하기 위해서는 적절한 수준의 보상이 되어야 경쟁력이 있기 때문이다. 직무주의가 속인주의와 다른 점은 조사의 대상이 직무라는 것이다. 속인주의에서는 직무간 보상의 차이가 없어서 구성원 전체의 임금수준이나 신입사원 임금수준 혹은 연차별 임금을 조사하는 데 그친다. 반면 직무주의에서는 직무에 대한 시장조사도 이루어진다.

직무별 시장조사는 일반 조사보다 좀 더 복잡하다. 또한 한국의 노동시장이 아직은 직무별로 활발하게 시장임금이 형성되어 있지 않다. 이로 인해 직무급 도입이 어렵다는 의견도 있기도 하다. 하지만 점차로 직무별 임금수준의 파악이 중요해지고 있다. 최근 IT 산업을 중심으로 개발자들의 몸값이 크게 올라가고 있다고 한다. 개발자 직무의 시장임금을 파악하지 못하면 우수 개발자를 확보하지 못할 뿐 아니라 우리 회사의 인재들을 지키는 것도 어렵게 되었다. IT 개발 직무 이외에도 4차산업에 관련된 직무나 바이오, 배터리, 수소, 태양광, 전기차 등 다양한 분야의 직무들에서 노동시장의 이동이 활발해지면서 시장임금이 빠르게 형성되어가고 있다.

외부공정성을 확보하기 위한 시장임금조사라고 해서 조직의 모든 직무를 조사하는 것은 아니다. 비용면에서도 그렇고 조직마다 사용하는 직무 용어가 다르므로 모든 직무를 조사하는 것은 불필요하고 또한 불가능하다. 그래서 대체로 주요 직무(key job) 혹은 벤치마크 직무(benchmark job)를 중심으로 시장조사를 한다. 주요 직무 혹은 벤치마크 직무라 함은 여러 기업에서 두루 활용되는 직무거나 혹은 IT 개발자 직무처럼 시장임금이 형성되어 있는 경우 혹은 특별하게 조직에서 조사 대상으로 삼고 싶은 직무를 의미한다.

시장임금조사의 결과는 직무평가 결과와 함께 분석한다. 여기서는 기초적인 통계 지식이 필요하다. 시장임금조사 결과를 종속변수(y축)로

하고 직무평가 결과를 독립변수(x축)으로 두어 회귀분석을 실시하면 시장임금선이 도출된다.

y=α+직무평가 결과xX

[그림 10-6]과 같이 직무평가 값과 외부 임금을 비교하면 그림의 왼쪽과 같은 분포도로 나타낼 수 있으며 이 점들의 분포를 선으로 나타내면 그림의 오른쪽에서 보는 직무평가 값에 따른 시장임금선이 도출된다. 이 시장임금선은 [그림 10-6]의 왼쪽 분포도 상의 점은 다음과 같은 회귀식을 통해서 도출된다.

만약 y=45,000,000+4,500x의 회귀식이 도출되었다면 해당 기업에서 직무평가 점수가 850점인 직무의 시장임금은 4,882만 5,000원이 된다.

[그림 10-6] 외부 임금 조사를 통한 시장임금선 도출

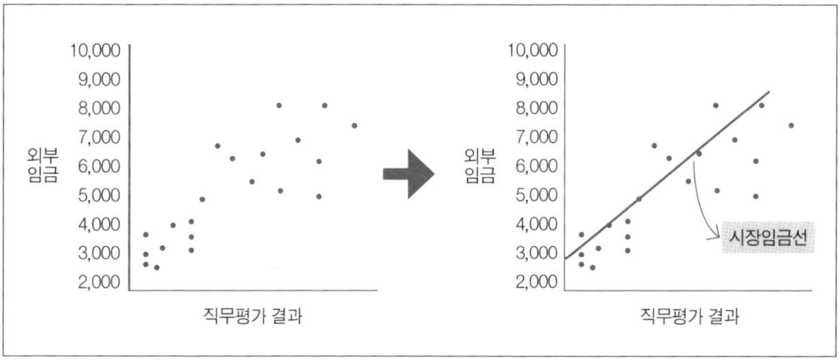

(단위: 만 원)

이런 방법으로 시장임금과 현재 기업의 임금과의 비교 그리고 임금의 격차 정도 등을 파악할 수 있다.

3.3. 내부 공정성과 외부 공정성 결합

세 번째 단계는 구체적으로 직무급의 구조를 결정하는 과정이다. 내부공정성을 위해서 실시한 기업 내의 직무들의 직무평가 결과와 외부공정성을 위해 실시한 시장임금 조사 결과를 결합하는 단계다.

[그림 10-7]을 통해 이 결합 과정을 살펴보자. x축이 직무평가 결과, y축은 임금인 그래프에서 더 높게 위로 올라간 선은 시장임금선을, 그 아래 위치한 선은 현재 기업의 내부임금선을 나타내고 있다. 내부임금선이 시

[그림 10-7] 내부임금선과 시장임금선과의 결합

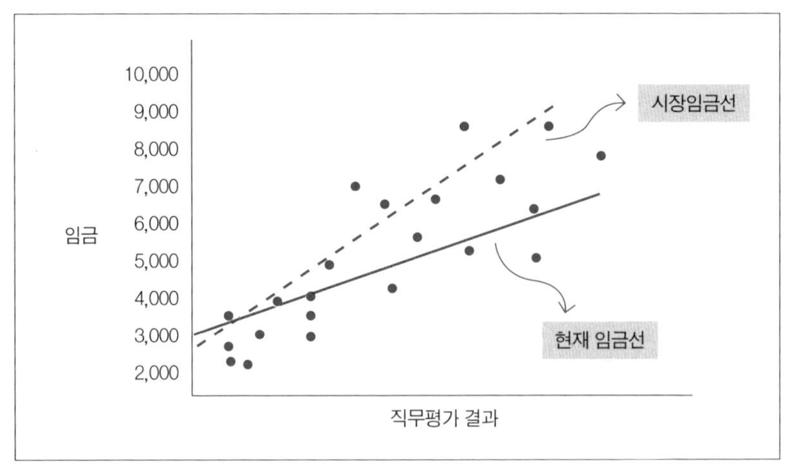

장임금선에 비해 낮게 위치한 것을 보면 시장임금에 비해 낮은 임금이 지급되고 있음을 알 수 있다. [그림 10-7]은 시장임금에 비해 기업의 임금이 낮게 지급되는 경우를 보여줬지만 만약 기업의 임금선이 시장임금선보다 높게 위치하고 있다면 시장임금보다 높게 임금이 지급되고 있는 경우라 할 수 있다.

이제 현재 기업이 지급하고 있는 임금과 시장에서의 직무 가치에 따른 시장임금선의 비교를 통해 기업의 임금을 높여야 할지, 높인다면 어느 정도로 높여야 할지 아니면 이대로 유지할지를 결정한다. 즉, 현재 임금선과 시장임금선과의 비교를 통해 새롭게 기업의 임금선을 결정한다. [그림 10-8]은 현재 임금선과 시장임금선을 비교해 새로운 임금선을

[그림 10-8] 새로운 임금정책선 도출

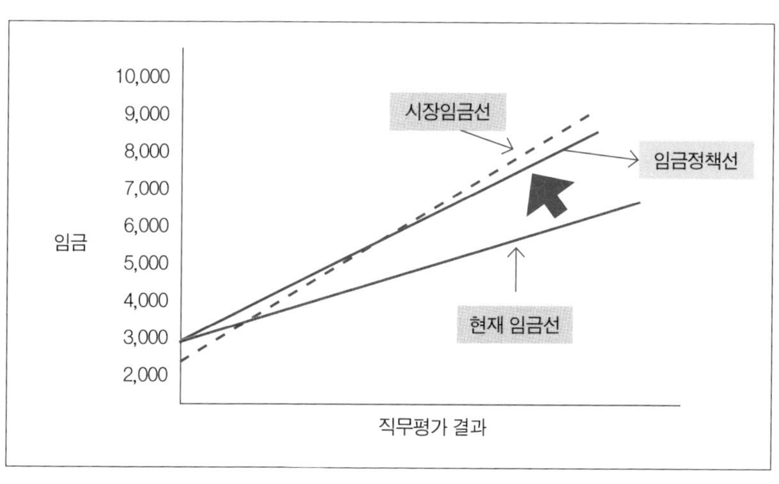

도출한 예를 보여주고 있다. 이 경우, 시장임금에 비해 지급되는 임금이 전체적으로 낮아 새롭게 지급될 임금을 상향해 새로운 임금정책선(Pay Policy Line)을 도출한 경우다.

임금정책선이 결정되면 이후에는 임금등급(Pay Grade)와 임금범위(Pay Range)를 결정한다. 임금등급은 같은 것으로 간주되는 직무들의 그룹을 의미한다. 여기서 동일한 것으로 간주된다는 의미는 직무평가의 결과 또는 수행하는 직무의 기능 및 역할의 공통성 등을 토대로 하나로 묶을 수 있으며 같은 '등급'을 부여하는 것을 의미한다. 간혹 조직 내 단일 직무 또는 유사한 직무들로 구성되어 하나의 그룹으로 묶을 수 있지만, 대부분 기업들은 몇 개의 그룹으로 묶을 수 있는 임금등급을 가지

[그림 10-9] 임금등급과 범위 결정

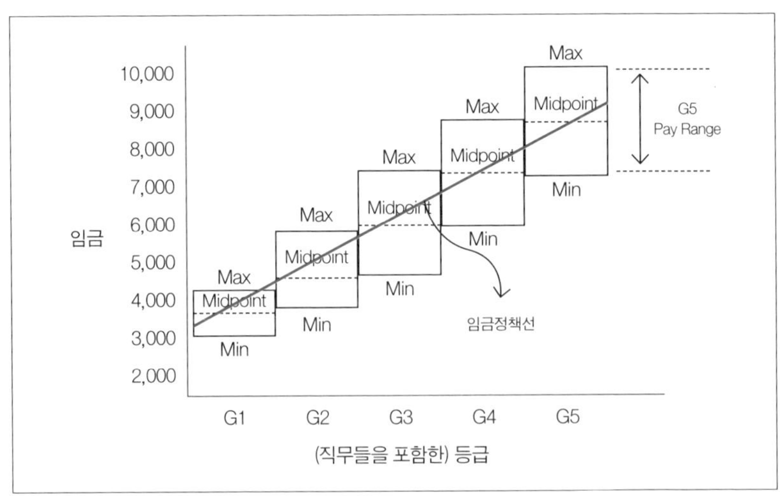

고 있다. 2~3개의 임금등급으로 설계할 수도 있고, 10개 이상의 등급으로도 설계할 수도 있다.

[그림 10-9]에서는 G1에서 G5까지 모두 5개의 직무등급으로 구분했다. 임금등급의 수가 결정되면 각 등급의 임금범위를 결정한다. 즉, 각 임금등급에서 지급할 수 있는 최소임금과 최대임금의 범위를 결정한다. 먼저 각 등급의 중간값(Midpoint)을 결정하고 등급별 임금범위를 설정한다. 임금범위는 경력 경로, 승진, 기타 연관된 인사제도를 토대로 이루어지는데 임금범위를 넓게 설정한다는 것은 기본적으로 같은 직무등급 내에서 개인 간 임금 차이가 벌어질 수 있다는 것을 뜻한다.

3.4. 개인공정성: 개인차이 반영

직무급 설계의 마지막 단계는 개인공정성 확보다. 앞서 내부공정성과 외부공정성을 결합해 직무급 임금체계의 구조를 만들었다. [그림 10-9]가 그 결과물이었다. 남은 과정은 직무를 수행하는 구성원 개인 간 공정성 문제다. [그림 10-9]에서 보듯이 동일한 직무등급인 경우에도 임금범위를 두어 개인의 차이를 반영하게 된다.

물론 개인의 차이를 전혀 반영하지 않을 수도 있다. 어떤 직무등급에는 임금범위를 두지 않고 단일 임금을 도입해 해당 직무(등급)를 수행하는 모든 사람에게 동일한 급여를 줄 수도 있다. 그 직무를 수행함에 있어서 개인의 경험이나 역량의 차이 혹은 노력의 차이가 별다른 영향을 주지 않는 경우라고 할 수 있다. 하지만 실제로 이러한 경우는 현실에서 거의 찾아보기 어렵다.

대부분 같은 직무를 수행해도 개인의 차이로 인해 직무수행 결과에 영향을 주게 된다. 개인의 차이가 영향이 클 수도 있고 작을 수도 있는데, 영향이 큰 경우에는 임금범위를 더 넓게 설계하게 된다. [그림 10-9]에서 직무등급이 올라가면서 임금범위가 더 넓어지게 보이는 것은 이러한 면을 반영하기 위한 것이다.

적소적재 직무주의가 직무를 우선으로 고려한다고 했지만, 개인 차를 인정하는 것 역시 속인주의에서와 마찬가지로 중요하다. 직무를 수행하면서 경험이나 역량이 축적되면 해당 직무를 더 잘 이해하고 더 원숙하게 할 수 있을 것이다. 또는 창의성을 발휘하거나 더 노력을 많이 하는 사람일수록 성과가 더 좋을 것이다. 개인공정성은 이러한 개인의 차이를 반영한다. 개인의 공정성을 반영해야 하는 이유이다.

역량은 직접 측정하기 쉽지 않기 때문에 경험이 축적될수록 역량도 더 커진다고 가정할 수 있다. 그래서 경험과 역량의 대리변수로 사용되는 것이 연공(seniority)이다. 즉, 적소적재 직무주의에서도 속인주의에서처럼 연공을 개인공정성을 측정하는 기준으로 중요하게 고려한다. 다만 속인주의와 차이가 있는 것은 연공이 늘어난다고 해서, 즉 경험이 늘어난다고 해서 직무수행 역량이 무한대로 커지는 것은 아니라는 점이다. 임금범위에서 상한선이 정해진 이유도 이러한 측면을 고려한 것이다.

개인 공정성을 결정하는 또 다른 중요한 요소 중 하나는 바로 성과(performance)다. 성과는 직무수행의 결과물이다. 개인마다 역량을 발휘하는 정도나 노력 정도가 다르므로 결과도 달라진다는 면을 고려하는 것이다. 직무성과급이라는 용어도 여기에서 나온 것인데 마치 직무성과급이 직무급과 동의어인 것처럼 사용하는 오류를 범하는 경우가 많다. 직무에 성과를 붙여서 직무성과급이 되었듯이, 연공을 붙이면 직무연공급, 역량을 붙이면 직무역량급, 혹은 숙련을 붙이면 직무숙련급이 된다. 즉, 기본급을 직무급으로 하되 개인의 공정성을 성과에 찾을 것인가 아니면 연공, 역량, 숙련에서 찾을 것인가에 따라서 달라지는 것이다.

직무성과급은 기본급 체계는 직무급으로 하되 개인의 공정성 차이는 개인 간 성과의 차이를 반영하는 것으로 정의할 수 있다. 성과에 관한 판단은 이 책의 8장에서 다룬 인사평가에 의해 이루어지는 것이 일반적이다.

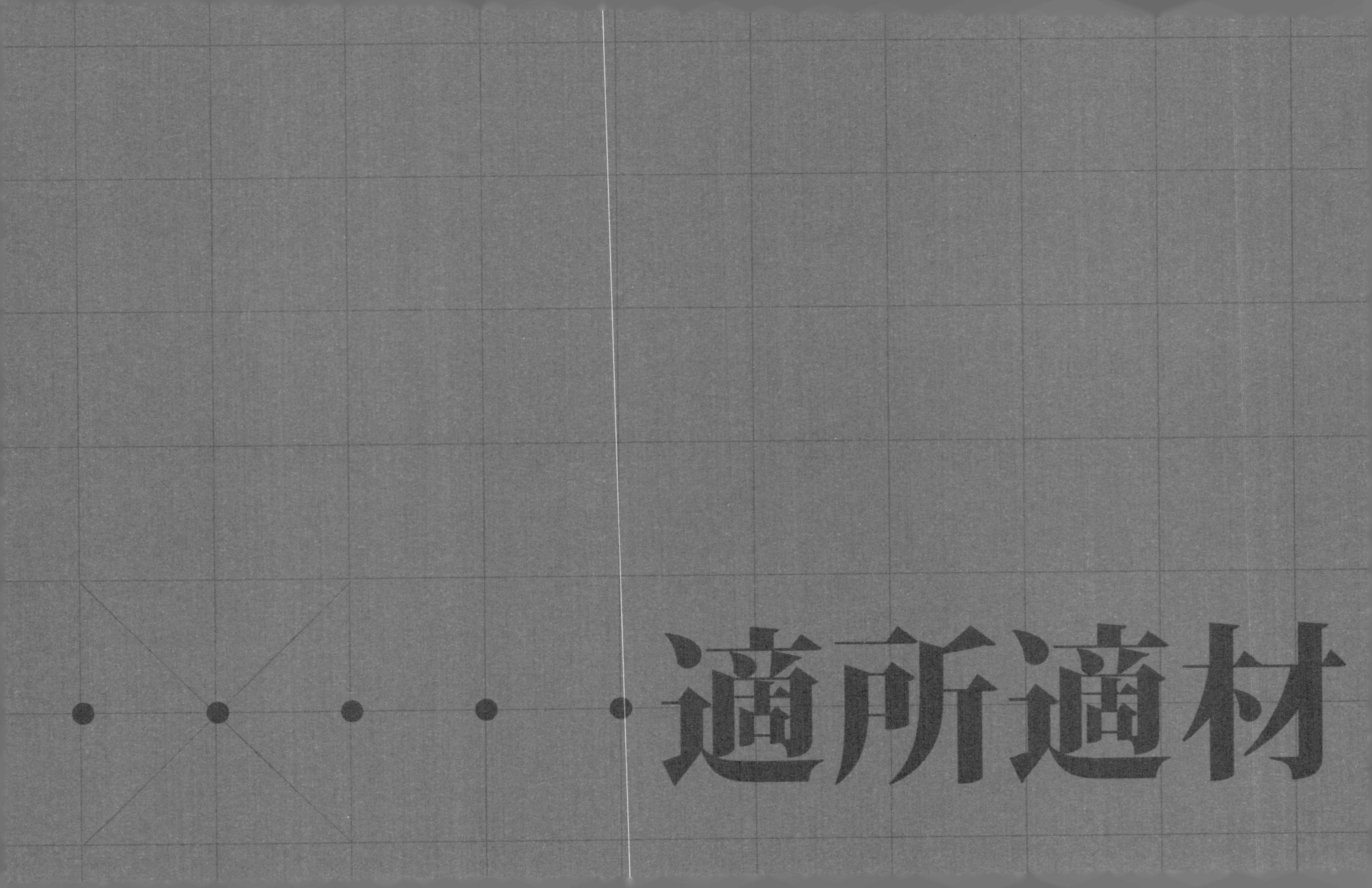
適所適材

4부

적소적재의 미래

11장

적소적재의 효과성

지금까지 적재적소 속인주의에서 적소적재 직무주의로 변화해야 하는 이유와 인사관리의 기능별 실행방안을 구체적으로 설명했다. 그런데 실제로 적소적재를 도입하면 과연 기대하는 만큼 효과를 얻을 수 있을까?

대한민국 사회에서 직무주의에 대한 논의는 오래전부터 있었지만 구체적이고 실증적인 연구 없이 주로 주장에 머물렀다. 다만 최근에는 실증 데이터가 충분히 축적된 것은 아니지만 적소적재 직무주의에 대한 학술적인 연구들이 활발히 진행되고 있다. 향후 더 많은 연구와 데이터가 축적되어야 할 것이다. 이번 장에서는 현재까지 진행되고 있는 연구에 대한 일종의 중간보고라고 할 수 있다.

1
동일노동 동일임금을 통한 임금의 공정성 증대

동일한 노동 또는 유사한 가치의 노동임을 판단하는 방법은 6장에서 설명한 직무평가를 통해 이루어진다. 국제노동기구, 우리나라의 남녀고용평등법에서도 마찬가지로 동일한 노동 또는 유사한 가치의 노동임을 판단하기 위한 기준으로 직무수행에 필요한 기술, 노력, 책임, 작업조건의 기준을 제시하고 있는데 이 기준은 직무평가의 주요한 상위 요소다. 그 직무가 어느 정도의 가치를 갖는 직무인지 그리고 비교 대상과 어느 정도 차이가 나는지 또는 업종 수준에서 유사한 직무 가치의 직무가 임금이 어느 정도로 차이가 나는지를 확인하고 시정하기 위한 노력은 서양에서는 1950년대 이전부터 시행되어왔다.

공정은 '비교'를 통해 지각되는 개념이다. 임금의 불공정함을 주장하기 위해서는 비교 대상과의 비교가 필요한데 이를 위한 핵심적인 역할을 직무평가가 담당해왔다. 제2차 세계대전 당시로 거슬러 올라가 공정한 임금의 근거로 직무평가를 실시했던 미국의 사례를 살펴보자.

제2차 세계대전 당시 남성들이 전쟁에 나가게 되면서 여성들이 남성들이 하던 일을 하면서도 임금은 남성들이 받았던 임금보다 적게 지급되었다. 이때 미국의 전시노동국(War Labor Board)은 공장 여성들의 동일노동에 대한 동일임금을 주장하며 이를 증명하기 위한 수단으로 직무평가를 장려했다. 여기서 동일노동과 동일임금이라는 용어가 등장하는데 직무평가와 항상 밀접하게 거론되는 용어다. 동일한 노동이지만 여성이 하는 경우와 남성이 하는 경우의 임금이 다르게 지급되는 경우가 많아 이를 시정하기 위해 여성이 하는 직무와 남성이 하는 직무의 '같음'을 주장할 수 있는 근거로 직무평가 결과를 활용한다.

이후 20세기 중반을 들어서면서 비교가치 운동으로 확대되었다. 이는 동일한 노동을 넘어 동일한 가치(또는 유사한 가치)를 갖는 직무는 동일한 임금(또는 유사한 임금)이 지급되어야 한다는 주장이었다. 1973년 미국 워싱턴주에서는 노동자들이 주 정부를 상대로 평균 임금이 같은 남녀 직업군을 선택해 직무평가를 요구했는데 여자 간호사와 남자 전기공, 여자 돌봄노동자와 남자 통계자료수집가, 여자 사서와 남자 세무 공무원 등 남녀 직업을 두고 직무가치를 비교했다. 이후에도 미국 콜로라도주 덴버의 간호사와 벌목인, 간판 화가 직무를 비교해 임금의 공정성을 확인하는 등 공정한 임금을 위해 직무의 가치를 비교했던 많은 예들을 확인할 수 있다.

또한 영국의 국가의료체계인 NHS(National Health Service)는 간호사 등 보건의료업종 내 모든 직무*의 직무평가 결과를 토대로 기본급을 설

---

* 의사와 치과의사는 NHS에 의해 기본급이 결정되지 않고 DDRB(Review Body on Doctors' and Dentists' Remuneration)의 임금결정기구에 의해 기본급이 결정된다.

정한다. 예를 들어 물리치료사 직무일 경우, 병원의 규모, 성별에 상관없이 동일한 기본급이 설정된다. 단, 일부 지역에 한해 추가로 기본급이 설정되는 경우는 있으나 〈표 11-1〉에 제시된 16개의 직무평가 항목을 기준으로 평가한 직무 가치를 밴드 1에서 밴드 9까지(Band 1~ Band 9) 구분해 매년 새롭게 설정된 기본급의 적용을 받게 된다. 동일가치 직무에 대한 동일한 임금을 지급하기 위한 영국의 NHS의 노력도 현재진행형이다.

〈표 11-1〉 영국 NHS 직무평가 도구와 직무급 예

직무평가 항목	Level							
	1	2	3	4	5	6	7	8
1. communication & relationship skills	5	12	21	32	45	60		
2. knowledge, training & experience	16	36	60	88	120	156	196	240
3. analytic skills	6	15	27	42	60			
4. planning & organisation skills	6	15	27	42	60			
5. physical skills	6	15	27	42	60			
6. responsibility-patient/client care	4	9	15	22	30	39	49	60
7. responsibility-policy & service	5	12	21	32	45	60		
8. responsibility-finance & physical	5	12	21	32	45	60		
9. responsibility-staff/HR/leadership/training	5	12	21	32	45	60		
10. responsibility-information resources	4	9	16	24	34	46	60	
11. responsibility-research & development	5	12	21	32	45	60		

12. Freedom to act	5	12	21	32	45	60		
13. physical effort	3	7	12	18	25			
14. mental effort	3	7	12	18	25			
15. emotional effort	5	11	18	25				
16. working conditions	3	7	12	18	25			

Band	직무평가 점수	기본급(2020/21)
1	0-160	£18,005
2	161-215	£19,337
3	216-270	£21,142
4	271-325	£25,157
5	326-395	£30,615
6	396-465	£37,890
7	466-539	£44,503
8a	540-584	£51,668
8b	585-629	£62,001
8c	640-674	£73,664
8d	675-720	£87,754
9	721-765	£104,927

출처: NHS Staff council(2018). NHS job evaluation handbook. Seventh Eds., NHSPRB(2021). NHS Pay Review Body, Thirty-fourth report. 토대로 재정리

[그림 11-1]은 1995년에서 2019년의 OECD 회원국의 성별 임금 격차 추이를 보여주고 있다. 성별 임금 격차는 남성의 임금을 100으로 보았을 때 여성이 받는 임금이 얼마나 더 적은지를 나타낸다. 1995년 우리나라의 경우 남성이 100만 원을 받았다면 여성은 44만 2,000원 적은 임금을 받았고 2019년에는 다소 개선되어 32만 5,000원 적은 약 67만 5,000원 정도를 받았다. 비록 1995년부터 2019년까지 44.2%에서 32.5%로 임금 격차가 11.7% 감소했지만 이는 같은 기간 OECD 임금격차 평균 향상률

[그림 11-1] 1995~2019 OECD 회원국 성별 임금격차 향상률[50]

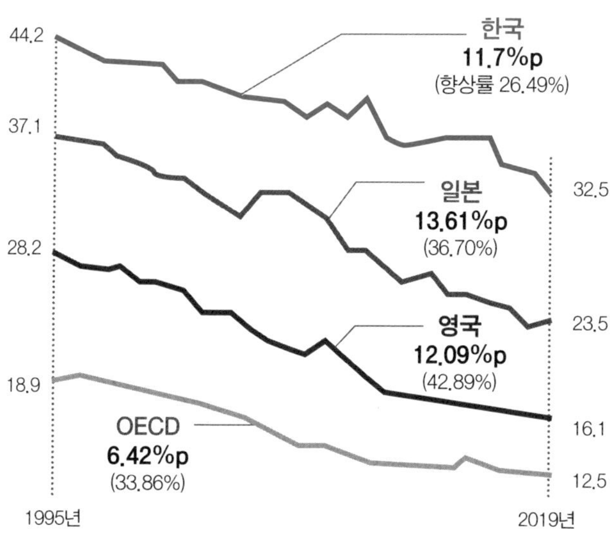

50 「남녀 임금격차 'OECD 최악' 한국, 개선 노력도 '바닥'」, 《경향신문》, 2021.08.13.

33.9%엔 미치지 못한다.

문제는 OECD가 관련 통계를 내기 시작한 1995년 이래 한국은 26년째 성별 임금 격차 꼴찌 국가라는 점이고, 1995년에 비슷한 수치였던 일본이 격차를 해소하기 위해 노력했음에도 '불변'의 그리고 '월등'한 1위라는 점은 부끄러운 일이다.

단순히 성별 임금 격차와 관련된 국제 비교 자료라는 점에 국한하지 않더라도 이런 수치는 우리나라에서 유사한 일을 하는 정규직과 비정규직, 원청과 하청 관계에서의 임금 격차 결과를 유추할 수 있다는 점에서 시사하는 바가 크다.

2
일에 대한 열의와 몰입 증진

일에 대한 열의는 열정, 조직에 대한 구성원의 긍정적인 태도[51] 또는 활력을 갖고 일에 임하고 헌신, 몰두하는 상태를 의미한다.[52] 일에 열의

---

51 Robinson, D., Perryman, S., & Hayday, S. 2004. *The Drivers of Employee Engagement*. Brighton, Institute for Employment Studies

52 Schaufeli, W. B., Salanova, M., Gonzalez-Roma, V., & Bakker, A. 2002. The measurement of burnout and engagement: A confirmatory factor analytic approach., *Journal of Happiness Studies*, 3, 71-92.

를 갖거나 몰입하기 위해서는 그 일이 나에게 '의미' 있고 '가치' 있는 일이어야 한다. 일을 통해 자신을 표현할 수 있거나 그 일이 중요하다고 느끼고, 다른 사람들에게 긍정적인 영향을 미칠 수 있는 등의 조건이 충족되어야 일이 재미있어지고 몰입하게 되는 것이다.

여기서는 개인이 일을 즐거워하고 몰입하게 만드는 영향 요인을 '개인'의 특성으로만 한정하지 않는다. 물론 개인마다 중요하게 생각하는 일의 목적, 성장 욕구 등은 다양할 수 있지만 '일'을 분석하고 재설계하는 방식 등 관리적 차원에서의 영향력도 함께 작용하는 현상으로 파악하고자 한다.

각자의 경험 중에서 가장 지루했던 일과 완전히 몰입해서 일했던 경험을 떠올려보자. 지루했던 일, 하기 싫었던 일은 아마도 같은 일을 반복하거나 자신이 하는 일이 무슨 일인지도 모른 채 지시를 받아서 했던 상황이었을 것이다. 일은 하지만 그 결과가 어떠했는지, 그다음 일은 어떻게 진행되는지 잘 몰라 답답했던 상황도 있을 수 있다.

반대로 일에 몰입하고 즐겁게 일했던 때의 상황은 어떨까? 사람들을 동기부여할 수 있는 일들의 특성을 제시한 조직행동 분야의 세계적인 학자 해크먼(Hackman)과 올드햄(Oldham)의 직무특성이론[53]에 답이 있

---

53 Hackman, J. R. & Oldham, G. E. 1976. *Motivation through the design of work:Test of a theory. Organizational Behavior and Human Performance* 16:250-279.

다. 직무특성이론은 사람들에게 동기를 부여할 수 있는 직무의 특성은 무엇이며 각 특성은 사람들의 심리에 어떤 영향을 미쳐 성과에 이르게 하는지를 제시한 동기부여 이론이다. 이 이론에 따르면 사람들은 한 가지만 반복하는 것이 아니라 일을 하면서 여러 가지 기술을 활용할 수 있으며(기술다양성), 개인이 하는 일이 전체 일에서 차지하는 부분과 비중을 알고 있다(과업정체성). 개인이 업무수행의 절차와 방식을 정하는 데 있어 재량(자율성)이 있는 경우와 자신이 하는 일이 잘 되었는지 그렇지 않은지에 대한 정보를 제공받는 경우(피드백)에 지금 하는 일이 중요하고 책임감을 느끼며 관련 지식이 높아져 성과에 또는 동기부여에 긍정적으로 기여한다는 것이 이 이론의 주요 내용이다.*

자신이 하고 있는 일이 조직 내에서 어떠한 역할인지 파악해 본인이 수행하는 직무의 중요성을 지각하기 위해서는 기본적으로 직무에 대한 이해가 필요하며 개인이 수행하는 직무에 필요한 지식, 기술, 필요 경력 등에 대한 체계적인 정보 제공이 이루어지고 장기적 경력 비전을 설정

---

* 직무특성이론은 동기부여를 위해 직무가 어떠한 특성을 갖추어야 하고 이 특성들이 성과에 이르는 과정을 제시했다는 점에서도 큰 의미가 있다. 그러나 이 이론은 이전의 동기부여 이론들이 주로 동기부여가 낮거나 높은 것을 개인의 속성(동기, 니즈, 성취 수준 등)으로 설명하고자 했던 것과 비교했을 때 개인의 동기부여에서 직무의 중요성을 강조했다는 점과 직무의 분석과 설계하는 관리적 차원에서의 영향력이 중요하다는 관점의 변화를 제공했다는 점에서 중요한 의의를 갖는 이론이다. 오래전 이론이지만 현재 우리나라의 인사관리와 적소적재 인사관리를 주장하는 저자들의 의도를 매우 적절히 반영하고 있어 보인다.

하는 것도 필요하다. 이 과정은 직무중심 인사관리를 위한 실천 부분에서 살펴본 직무주의 인사관리의 인프라에 해당하는 기본적인 과정인 직무분류, 직무분석, 직무평가 과정을 통해 이루어질 수 있다. 따라서 일의 의미, 열의, 몰입을 높이기 위한 방법으로 직무주의 인사관리의 역할을 주장하는 이유다.

[그림 11-2]와 [그림 11-3]은 이러한 논의를 실증적으로 검증한 연구결과를 요약한 것이다. 앞서 제안한 논의들을 변수화해 일의 의미, 직무열의, 직무주의 인사관리와의 관계를 검증했다. 이 연구에서 직무주의 인사관리는 직무의 명확한 정의, 직무를 토대로 한 채용, 임금, 평가제도 등을 기업에서 실시하고 있는지 여부를 통해 직무주의 인사관리의 실행 정도를 측정했다.

[그림 11-2] 관련 실증 연구 결과-1[54]

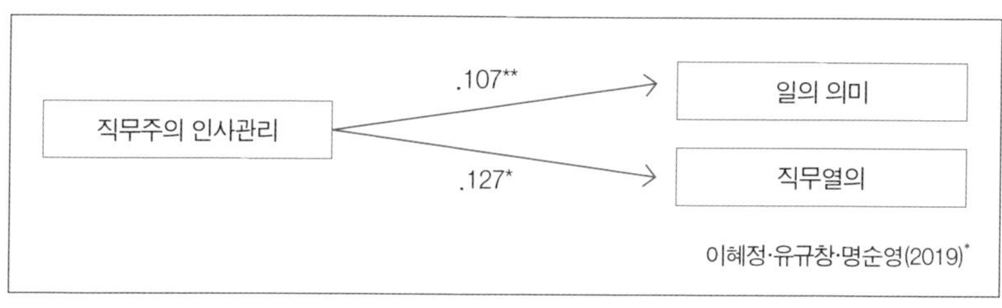

54 이혜정·유규창·명순영. 2019. 「직무중심 인사관리가 구성원의 태도에 미치는 영향」 조직과 인사관리 연구, 43(3): 149-176쪽.

* 이혜정·유규창·명순영(2019)의 연구는 2018년도에 수집한 101개 기업의 인사담당자와 구성원을 대상으로 한 설문을 분석 대상으로 했다. 총 101개 기업의 1,210명의 설문을 분석에 활용했다.

예를 들어 "우리 회사에서는 각자 맡은 일에 대한 책임과 권한이 직무 기술서에 명확하게 정의되어 있다", "우리 회사에서는 회사의 전략적 방향에 따라 인력 계획이 수립되고 이에 근거해 수시로 인재를 채용한다", "우리 회사는 직무중심 임금체계를 가지고 있다", "우리 회사에서는 임금을 결정하는 데 개인의 역량이나 근속연수보다는 수행하는 직무가 무엇인지가 중요하다", "우리 회사는 직무에 대한 상대적 가치를 평가해서 임금수준을 결정한다", "우리 회사에서 인사평가는 각 개인이 수행하는 직무수행의 결과에 따라 결정된다" 등과 같은 문항으로 측정했다.

[그림 11-2]에 제시된 결과는 직무주의 인사관리와 일의 의미와 직무열의에 미치는 주 효과를 검증한 결과로, 직무주의 인사관리가 두 변수 모두에 유의미한 긍정적 영향력을 미치는 것을 확인했다. 직무주의 인사관리를 실시하는 기업일수록 구성원들의 일의 의미를 .107 높이는 것으로 나타났다. 이는 기업의 직무주의 인사관리 실시 정도가 1만큼 증가하는 경우 개인의 일의 의미가 .107 증가하는 것을 의미한다. 또한 이 경우 직무열의는 .127 높이는 것으로 나타났다. 앞의 설명과 마찬가지로 이는 기업의 직무주의 인사관리 실시 정도가 1 증가하는 경우 개인의 일의 의미가 .127 증가하는 것을 의미한다.

[그림 11-3]의 연구는 앞서 제시한 연구와 달리, 직무주의 인사관리가 구성원의 태도에 미치는 과정을 검증한 연구로 직무주의 인사관리가 직무열의에 미치는 과정에서 일의 의미의 매개 역할을 검증했다. 검증 결

[그림 11-3] 관련 실증 연구 결과-2[55]

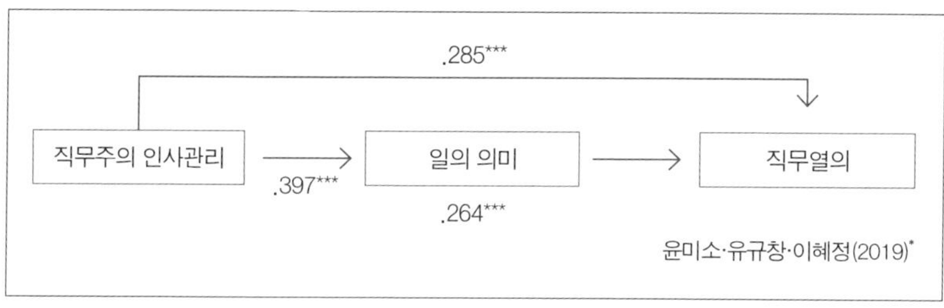

과, 일의 의미는 두 변수 간 통계적으로 유의미하다는 것을(β=.264) 확인할 수 있었다. 즉, 직무주의 인사관리를 실시하는 기업일수록 직무에 대한 명확한 정보와 이해, 개인의 경력 비전 설정, 직무성과의 명확화, 조직 내에서 자신이 수행하는 일의 중요성을 이해함으로써 일의 의미와 직무에 대한 열의를 보다 높게 지각할 수 있을 것으로 해석할 수 있다. 즉, 이를 통해 직무주의 인사관리가 일의 의미를 높여 직무 열의를 높인다는 것을 확인할 수 있었다.

따라서 두 연구결과를 종합해보면 직무주의 인사관리를 실시하는 기업일수록 구성원들은 자신이 수행하는 일에 대한 정보를 명확하게 파악하고 있을 뿐만 아니라 직무성과와 역량을 토대로 채용, 평가, 보상 등

---

55 윤미소·이혜정·유규창. 2019. 직무중심 인사관리가 직무열의에 미치는 영향: 개인-직무 적합성과 일의 의미의 매개효과. 노동정책연구, 19(4): 33-61쪽.

* 윤미소·유규창·이혜정(2019)의 연구는 MBA 과정 직장인들을 대상으로 Time 1, Time 2로 나누어 총 2회에 걸쳐 설문을 실시했으며 이 중 Time 1,2 모두에 응답한 총 236부의 설문을 분석에 활용했다.

의 인사 관행이 이루어지기 때문에 보다 자신의 일에 대한 의미를 높게 지각하고 몰입함으로써 열의를 높일 수 있는 것으로 이해할 수 있다.

3
직무전문성 강화

2016년 한국경영자총협회(일명 경총) 조사[56]에 따르면 대졸 신입사원의 1년 내 퇴사율은 27.7%에 달하며 이는 지속적인 증가 추세에 있다. 신입사원들은 조기 퇴사하는 가장 큰 이유로 '조직 및 직무적응 실패'를 49.1% 가까이 꼽았다. 바늘구멍과도 같은 취업 문을 통과한 신입사원들이 퇴사를 결심하게 된 이유 중 조직과 직무 부적응이라는 점은 우리나라 기업들의 인사관리에 시사하는 바가 크다.

1부에서 언급한 대로, 속인주의 채용 관행에서는 입사한 이후에 신입사원이 하게 되는 일에 대한 정보가 명확히 주어지는 경우가 드물다. 공채의 경우에도 규모 정도만 공개될 뿐, 연봉과 복지혜택에 대한 정보 역시 개인적인 방법에 의존해 탐색하는 경우가 대부분이다. 채용 이후에 '복불복'과 같은 배치 과정에서 운이 좋아 원하는 일을 하게 되는 경우도

---

56 한국경영자총협회. 2016.「2016년 신입사원 채용 실태 조사」

있지만 모두 기피하는 자리에 배치될 가능성도 없지 않다. '단군 이래 최고의 스펙'을 쌓고 들어온 회사에서 원치 않는 일, 재미없는 일, 성장 가능성이 보이지 않는 일, 쌓아온 경험과 전혀 무관한 일 등을 하면서도 참아보려 하지만 참고 견딜 만한 유인도 현재로서는 많지 않다.

직무주의 인사관리에서의 채용은 과거 대규모 공채 형식과는 달리 필요에 의한 수시채용이 주로 이루어진다. 또한 직무에 대한 구분과 구분된 직무들에 대한 구체적이고 사실적인 정보를 모집 단계에서부터 공개한다. 선발 과정에서도 과거의 전통적인 방법과 차별화된 방법으로 지원자의 직무역량을 검증한다. 따라서 해당 직무에 대한 사전 경험과 지식이 있는 지원자가 아니면 과거 대규모 공채 시 '묻지 마 지원'과 같은 형식의 지원은 시간 낭비가 될 가능성이 크다. 이처럼 직무주의 인사관리를 실행하게 되면 채용 단계에서부터 수행하게 될 직무에 대한 기본적인 정보와 경험을 한 지원자가 자기선택(self-selection)을 하게 되고, 사전에 기업에서도 직무에 대한 명확한 정의와 정보를 제공할 수 있으므로 배치 이후 직무 불만족과 부적합에서 오는 부정적 결과를 줄일 수 있을 것이다.

최근의 실증연구*에서 이러한 논의를 검증했다. [그림 11-4]에 제시된 결과와 같이, 직무주의 인사관리가 개인-직무 적합성에 긍정적인 영향을 미치는 것을 확인할 수 있었다. 직무수행에 필요한 역량과 요건을 토대로 이루어지는 직무주의 인사관리는 해당 직무를 가장 잘 수행할 수 있는 사람들을 채용할 수 있을 것이라는 논의를 실증한 결과라 할 수 있다. 개인-직무 적합성은 개인이 직무에 제공할 수 있는 것과 직무가 개인에게 제공할 수 있는 것들 사이의 일치 정도로 정의된다.[57] 즉, 개인이 가진 지식, 기술, 능력이 조직이 제공하는 제도 및 직무에 의해 충족될 때 개인-직무 적합성이 높아지게 된다. 따라서 직무에 대한 상세한 분석과 채용과 배치 시 이 조건들을 적용하고 이후의 교육과 경력개발이 연계되어 이루어지는 직무주의 인사관리가 이루어질수록 직무적합성을 높일 수 있다. 분석 결과, 직무주의 인사관리를 실시할하는 기업일수록

[그림 11-4] 관련 실증 연구 결과 -3[58]

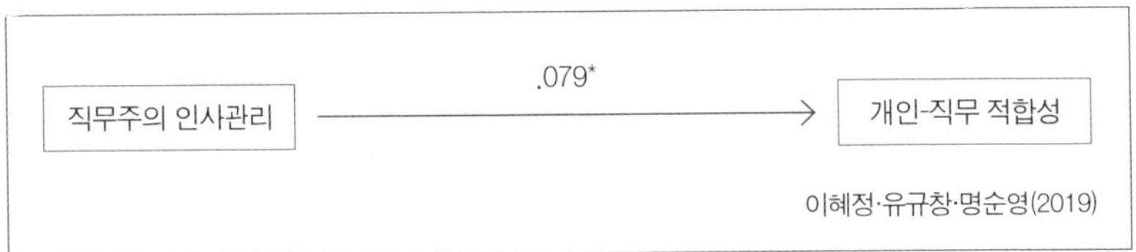

---

* 이 연구는 2018년도에 수집한 101개 기업의 인사담당자와 구성원을 대상으로 한 설문을 분석 대상으로 했다. 총 101개 기업의 1,210명의 설문을 분석에 활용했다. 초과근로시간과 일과 삶의 균형은 개인수준의 데이터(구성원 설문)를, 직무중심 인력계획과 직무중심 인사평가 제도는 기업수준(기업의 인사담당자 설문)의 서로 다른 분석수준을 포함하고 있으므로 개인과 조직 수준의 상호작용을 분석하기 위한 위계적 선형모형(HLM: Hierarchical Linear Modeling)을 이용했다.

57 Caldwell, D. F., & O'Reilly, III, C. A. 1990. Measuring person-job fit with a profile-comparison process." *Journal of Applied Psychology* 75(6):648-657.

58 이혜정·명순영·유규창. 2020.「초과근로와 일과 삶의 관계에서 직무중심 인력계획과 인사평가의 조절효과. 노동정책연구」 20(4): 35-62쪽.

구성원들의 개인-직무 적합성을 높이는 것으로 나타났다. 이는 기업의 직무주의 인사관리 실시 정도가 1 증가하는 경우 개인의 일의 의미가 .079 증가하는 것을 의미한다.

[그림 11-5]는 미국 코네티컷주립대학과 국내 주요 대학의 인사부서의 직무 체계도이다. 우리나라 대학의 인사부서와 비교하면 직무 수가 많고 수직적 구분에 의해 직무가 계층화되어 있는 것을 확인할 수 있다. 미국 대학의 직무 체계도를 보면 기능별로 오퍼레이션 매니저(Operation Manager), 임플로이 베네핏 매니저(Employment Benefit Manager), 개발/커뮤니케이션 매니저(Development/Communication Manager) 등으로 구분되어 있을 뿐만 아니라 각 기능 안에서도 직무의 레벨이 형성되어 있다. 직무주의 인사관리가 채용 과정에서 사람과 직무의 적합성을 높이는 역할을 했다면 이후 과정에서는 체계화된 직무의 수평적/수직적 구분을 통해 범용 또는 제너럴리스트가 아닌 해당 분야의 직무 전문가를 양성하는 데 기여할 수 있다. 조직 직무에 대한 큰 그림 중에서 자신이 수행하는 직무가 어떤 직무들과 수평적으로 그리고 수직적으로 연계되어 있는지를 파악할 수 있으며 경력 경로를 그려볼 수 있을 것이다. 또한 세분화된 기능과 그 기능 안에서의 직무 레벨에 따른 교육과 훈련, 이동관리가 이루어진다.

[그림 11-5] 미국 코네티컷주립대학과 국내 주요 대학 인사부서 직무 체계도

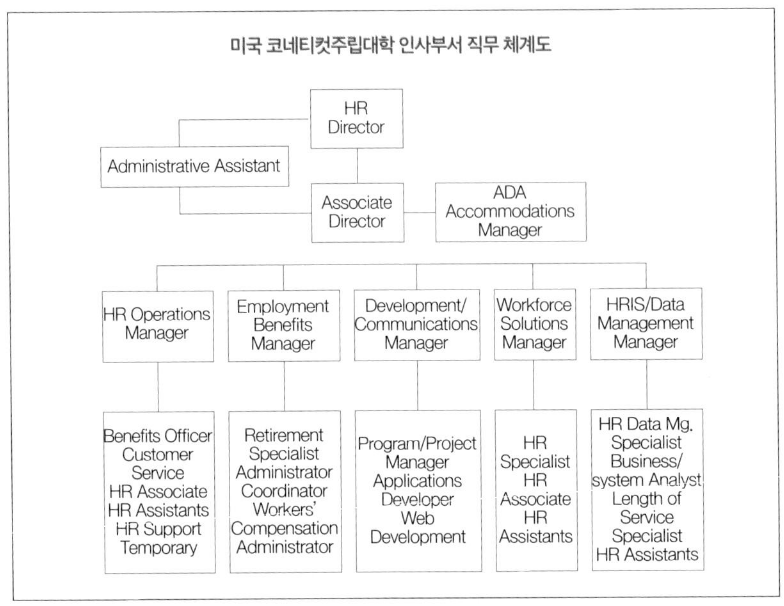

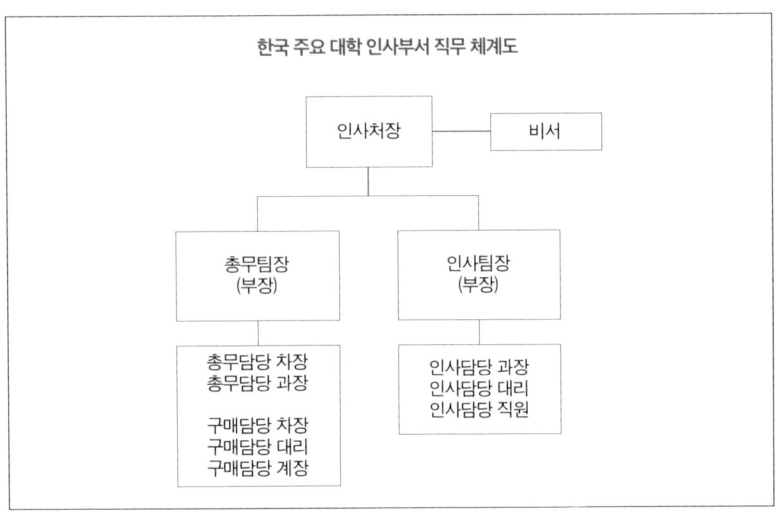

속인주의 인사관리의 경우 ‘우리 조직에 적합한 사람’, ‘맡기면 무엇이든 할 수 있을 것 같은 사람’을 일단 뽑아놓고 일을 맡겼다면 직무주의 인사관리에서는 직무에 대한 정의와 분석이 선행되고 체계적인 인력계획을 토대로 필요 인력, 즉 채용 대상 직무와 인원이 정해진다. 그리고 대상을 정해 모집하고 채용 대상 직무의 역량과 경험을 갖추었는지가 선발의 주된 기준이 된다. 조직에 입사한 이후에도 직무의 기능과 수준에 따른 경력 경로와 경력 사다리를 타고 이동하며 직무역량과 경험을 쌓아가며 직무 전문가로 성장하게 된다. 이제 얕게 두루두루 아는 사람보다 깊이 있게 한 분야를 아는 전문가의 가치가 높아지는 시대가 왔으며 이러한 인재를 선발하고 양성하기 위해서는 채용과 개발의 기준에도 변화가 이루어지고 있다.

4
업무 효율성 증대와 일하는 방식 개선

우리나라가 OECD 국가 중 최장 근무시간 국가라는 결과는 단지 최근 몇 년간의 수치가 아니다. 장시간 근무 국가임에도 노동생산성은 OCED 국가 중 하위를 차지하고 있다. 더욱 심각한 것은 부가가치 기준 노동생산성에 비해 시간당 임금 간격이 증가하고 있다는 점인데 이는

[그림 11-6] OECD 국가별 연평균 근로시간과 노동생산성[59]

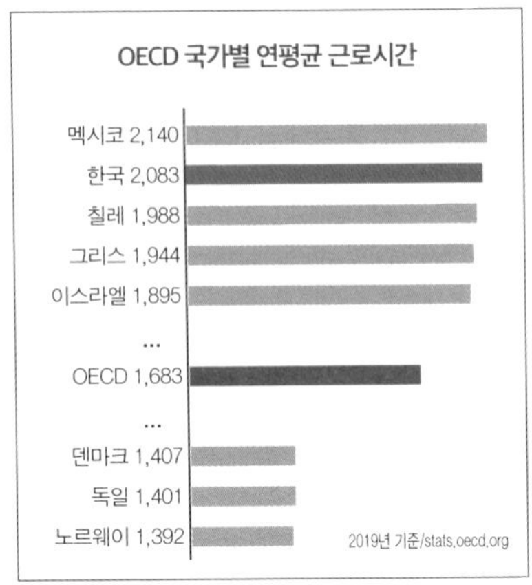

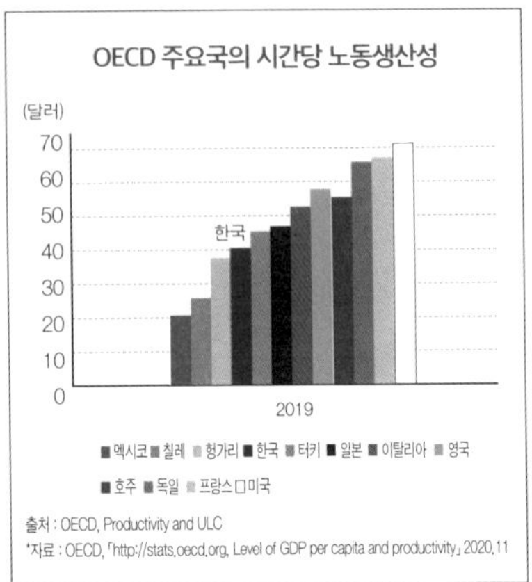

[그림 11-7] 국내의 시간당 임금과 노동생산성 변화[60]

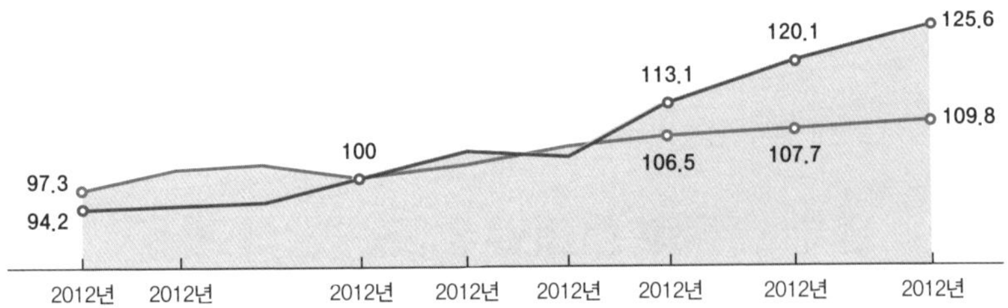

59 http//status. oecd.org, level of GDP per capita and productivity. 2020.11.

60 「평균임금 25% 오를 때 노동생산성 증가율 9%에 그쳐…유연성 확보 시급」, 《이투데이》, 2021. 08.17.

'일하는 것에 비해 높은 임금'을 받고 있는 것으로 해석할 수 있다. 일하는 사람은 오랜 시간 근무로 힘들고 관리 및 운영의 주체들은 효율적인 인건비 관리가 되고 있지 않다는 뜻이다. 총체적으로 문제다.

비효율이 만연한 이 상황을 보고 있자면 마치 20세기 초 서양의 상황이 떠오른다. 각지에 대규모 공장이 출현하던 시기 장시간 노동, 임금 인하와 같은 노동문제로 노사가 대립하던 그 시절의 모습과 크게 다르지 않다. 그러나 여건은 매우 다르다. 그 시절 미국은 노동법이 정립되기 이전이고 관리의 개념이 없어 경험과 직관에 의존한 주먹구구식 조직 관리에 의존하던 때였다. 노동자들은 임금 기준이 명확하지 않으니 일을 빨리 할 필요가 없었고 당연히 생산성은 떨어질 수밖에 없었다. 학자, 협회, 실무자들이 소집되어 국가적 비효율의 원인을 찾았고 그 해법을 프레더릭 테일러가 제안했는데 그 원인은 바로 표준작업량이 명확하지 않다는 점이었다. 어떤 노동자가 출근해서 해야 할 일의 양과 범위가 정해지지 않았으니 일의 방향성과 동기가 상실되는 것은 자연스러운 결과였다. 굳이 비교를 위해 100여 년 전의 상황을 꺼내긴 했으나 어찌 보면 아직도 한국 사회와 많은 부분이 유사하다.

다시 현재 우리의 상황으로 돌아와서 왜 오랜 시간 근무하지만, 생산성은 낮은지도 살펴보자. 심지어 개인의 행복도와 일과 삶의 균형마저도 38개국 중 35위로 나타났다. 자신이 수행하는 직무의 내용과 목표가 명확해야 보다 적극적으로 일에 몰두할 수 있다. 그러나 우리나라의 경우 직무를 구분해 해당 직무에 개인을 맞추는 것이 아니라 개인에게 일을 맞추는 형태다 보니 해야 하는 정확한 일의 양과 범위가 불분명해진다. 직무를 구성하고 있는 과업, 필요 기술, 작업량, 책임 범위 등을 규명하기 위한 직무분석이 인사관리에서 필수적인 과정으로 이루어지고 있는 서양에 비해 우리의 경우 직무를 분석하고 직무의 양을 예측해 개인과 팀 단위로 구분하기 방식이 익숙하지 않다.

장시간 근무가 이뤄지는 첫 번째 이유로 직무에 대한 체계적인 이해와 분석이 이루어지지 않은 채 업무가 진행되고 예측하지 못한 업무가 발생할 수도 있으며 상사의 지시와 피드백에 따라 자신이 수행해야 하는 업무의 양이 결정되는 것에서 찾을 수 있다. 직무중심 인사관리의 가장 첫 단계이자 인사관리의 토대인 체계적인 직무분석이 이루어지지 않고 이루어진다 하더라도 이후 단계로 적용되지 않은 채 유명무실한 과정이 되는 것이 현실이다.

대면시간(face time)은 우리나라뿐만 아니라 서양에도 존재하는 용어고 실제로 영향력을 갖는 용어다. 여기서 영향력이 있다는 뜻은 대면시간에 상사와 부하 간에 영향력을 주고받는다는 것인데 이 영향력의 크기는 우리나라에서 더욱 크게 작용한다. 대면시간은 말 그대로 얼굴을 보여주고 있는 시간이다. 일하는 시간을 포함해 일을 하지 않더라도 또는 내 일을 다 마친 상태라 할지라도 상사와 동료들에게 자신의 얼굴을 보여주고 있는 시간을 말한다. 오래 근무하는 것을 조직에 몰입하며 헌

신한다고 여기는 경향이 있는데[61] 특히 우리나라의 경우 특유의 '타인만큼'의 형식적인 보여주기와 맞춰가기를 수행할 것을 의미하는 '체면' 문화[62]는 긴 근무시간을 야기하는 원인으로 지적되고 있다.

이혜정·명순영·유규창(2019)의 연구에서는 초과근로가 일과 삶의 균형에 미치는 부정적 영향력을 직무주의 인사제도가 감소시킬 수 있을지를 검증했다. 분석 결과, 초과근로가 일과 삶의 균형에 미치는 부정적인 영향력을 감소시키는 것으로 확인했다. [그림11-8]은 초과근로가 일과 삶의 균형에 미치는 부정적 영향력을 1로 가정했을 때 직무주의 인력계

[그림 11-8] 관련 실증 연구 결과 -4

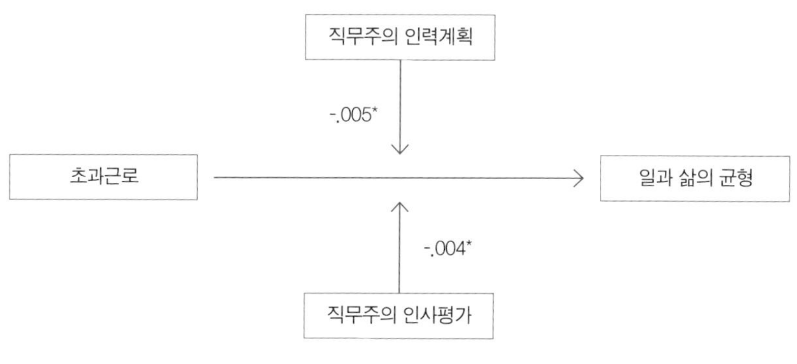

이혜정·명순영·유규창(2020)

---

61 Mubeen, H., & Rashidi, M. A. 2014. Impact of long working hours on job satisfaction of employees working in service sector of Karachi." *Journal of Business Strategies* 8(1):21-37.

62 유민봉·심형인. 2011.「공무원이 조직생활에서 경험하는 체면 현상과 행위에 대한 질적 연구:근거이론을 적용해」『한국행정학보』 45(1):199-227쪽.

획이 .005만큼 감소시키며 직무주의 인사평가는 .004만큼 감소시키는 것을 의미한다. 이 연구 결과를 통해 각자 맡은 일에 대한 책임과 권한이 명확하게 정의되고 그 정보를 토대로 인력계획이 이루어지는 직무주의 인력계획을 실시하는 기업에서는 초과근로가 미치는 부정적 효과가 감소하는 유의미한 조절 효과를 확인할 수 있었다. 또한 개인적 속성이 아닌 각 개인이 수행하는 직무수행 결과에 따라 인사평가가 이루어지는 직무주의 인사평가 역시 유의미한 조절 효과를 보이는 것으로 나타났다. 물론 이 연구는 현재 우리나라의 부정적인 관행 속에서 직무주의 인사관리가 긍정적으로 기여할 수 있다고 일반화하기에는 무리가 있다. 다만 직무주의 인사가 비효율적인 업무 관행과 긴 근무시간을 줄이는 데 긍정적인 역할을 할 수 있을 것으로 기대해본다.

12장

적소적재를 위한 과제

적소적재 직무주의는 향후 몇 년간 한국의 인사관리 미래 방향에 대한 담론을 제공할 것이다. 많은 찬반토론이 이어질 것으로 예상된다. 인사제도는 기업의 조직문화와 리더십과 밀접한 관계가 있다. 우리 사회가 지향하는 수평적이고 개성 존중의 활기찬 조직문화와 리더십이 되기 위해서는 적소적재 직무주의 인사관리는 필요조건이다.

시대적인 흐름은 적소적재 직무주의를 요구하고 있고 과거의 시도들과 달리 패러다임 전환이라고 부를 정도의 변화가 감지되고 있다. 향후 정치권에서도 선거의 중요한 이슈 가운데 하나가 될 것으로 보인다. 하지만 아무리 바람직한 변화라고 해도 변화는 쉽지 않다. 다양한 비판과 저항이 있을 것이고 실행단계에서는 더욱 많은 걸림돌이 있을 것이다.

이미 글로벌 기업인 삼성, LG, 현대, SK 등 주요 그룹의 계열사들은 한국을 제외한 해외 지사나 사업장에 직무주의 인사제도를 도입하고 있다. 유독 한국에 있는 본사와 공장에서만 여전히 속인주의 인사를 유지하고 있다. 유지하고 싶어서라기보다 그만큼 한국 사회에서의 관행과 관습 그리고 이해관계자들의 저항이 강하기 때문이다. 대부분의 대기업이 직무주의 수시채용을 전환하고 있는 와중에서도 삼성그룹이 여전히 대규모 공채를 유지하고 있는 것도 한국 사회에서 우리 기업들이 처한 현실을 보여준다.

이 책의 목표는 적소적재 직무주의로의 변화를 가속화하는 것이다. 앞으로 이 책의 저자들과 유사한 주장이 많아질 것이고, 적소적재로의 변화 속도를 높이는 일이 인사전문가들의 과제가 될 것이다. 마지막 장에서는 이러한 맥락에서 적소적재로의 변화가 가속화되기 위해 우리 사회가 해결해야 하는 중요하면서 민감한 사안을 다루고자 한다. 이미 오래전부터 많은 전문가가 공감하고 있었던 주제였지만 아직 공론화가 되지 못했던 것이다.

1
정부의 선도적 역할

최근 정부는 공공부문의 비정규직을 정규직으로 전환하는 정책을 추진했다. '비정규직 제로'라는 이상적인 사회를 구현하기 위한 첫걸음을 인천국제공항공사에서 시작해 모든 비정규직의 정규직 전환을 선언했다. 고용노동부에 따르면 2017년부터 정규직 전환을 추진해 2021년 6월 현재까지 858개 기관에서 19만 6,000명의 비정규직이 정규직으로 전환되어 거의 목표에 근접한 것으로 보고하고 있다.

그러나 소위 '인국공 사태(인천국제공항공사 정규직 전환 문제)'에서 보듯이 이 정책은 정규직 직원들이나 공공부문에 입사를 목표로 준비를 해왔던 수많은 공시생의 분노를 불러일으켰다. 또한 비정규직에서 정규직으로 전환된 근로자들도 유사한 일을 하는 공무원이나 일반 직원보다 임금과 근로조건이 낮다고 불만을 하고 집단행동에 나서고 있다. 한편 정부는 기획재정부의 공공기관 경영평가 권한을 활용해 직무주의 인사관리 도입을 유도하고 있다. 2021년부터 상당한 점수를 배정하고 직무주의 보수체계의 도입 여부를 공공기관 경영평가에 반영하고 있다.

하지만 정부의 정책 방향에 무언가 빠져 있다. 바로 정작 중앙정부와 지방정부의 공무원을 대상으로 한 인사관리는 여전히 적재적소 속인주의를 고수하면서 다른 데만 적소적재 직무주의를 강요하고 있는 셈이 된다. 직무주의 인사관리(특히 직무급)가 그렇게 좋으면 정부부터 모범을 보이라는 현장의 주장에 대응할 논리가 궁색하다. 정부도 할 말이 없는 것은 아니다. 이미 고위공무원들에 대해서는 '중요직무급'이라고 해서 직무주의를 일부 도입하고 있다. 또한 정부 공무원의 숫자가 매우 많고, 직무도 다양하고 복잡하기 때문에 직무주의를 도입하려 해도 어디서부터 손대야 하는지 엄두가 나지 않는, 민간과는 차원이 다른 고민이 있을 것이다. 이해는 되지만 그렇다고 손을 놓을 수는 없다. 정부의 의사결정권자들이 적소적재 직무주의에 대한 이해가 높지 않거나 자신의 임기 중에는 조용히 넘어갔으면 하는 생각이 여기까지 온 이유일 수도 있겠다.

정부의 적재적소 속인주의 부작용은 이미 한계점을 넘어서고 있다. 대표적인 예가 직무순환제도다. 직무순환제도는 여러 가지 역사적인 배경과 논리가 있었지만 현재는 공무원들의 전문성이 문제가 될 정도로 심각한 수준이다. 2장에서 사례로 들었던 기상청이 그 전형적인 부작용이다. 기상청이 일기예보를 맞추지 못한다는 비판이 큰 것은 결국은 다른 국가들에 비해 전문성이 부족하기 때문이다. 속인주의 인사제도로는 아무리 새로운 예보관을 채용한다 해도 결과는 크게 달라지지 않을 것이다.

적소적재 직무주의가 우리 사회를 위해 올바른 방향이라면 어렵더라도 공무원 대상의 인사제도도 이런 방향으로 가야 한다. 우선 적소적재 직무주의로 전환하고자 하는 비전과 단계별 실행방안의 제시라도 해야 할 만큼 시급하다.

2
직무 중심의 고용 유연성 확대

적소적재 직무주의 인사관리를 원활하게 운용하기 위해서는 직무의 생성과 소멸이 경영환경의 변화와 함께 유연하게 이루어져야 한다. 고객들의 다양한 요구 다변화에 맞추어서 생산 방식이 전반적으로 바뀌었다고 가정해보자. 기존의 생산 방식에서는 A, B, C, D 네 개의 직무가 필요했다면 새로운 생산 방식에서는 그 가운데 A와 B 직무는 여전히 필요하지만 C와 D는 필요 없는 직무가 되었고 대신 새로운 생산방식에 맞게 E와 F 직무가 새롭게 필요하게 되었다. C와 D는 소멸된 것이고, E와 F는 생성된 것이다. 4차 산업혁명으로 인한 새로운 기술의 등장과 함께 과거와는 비교할 수 없을 정도의 산업 구조의 급격한 변화는 직무의 생성과 소멸이 매우 빠르게 일어나게 된다.

기업에서 4차 산업혁명과 관련된 새로운 사업기회를 포착하기 위해서는 새로운 직무를 만들어야 하고 그 직무에 맞는 전문가를 채용해야 한다. 그런데 대한민국의 현행 노동법 체계에서 기업은 이를 주저하게 된다. 새로운 사업이 성공할지 실패할지 아무도 장담할 수 없기 때문이다. 만약 전문가를 채용했다가 사업이 더 진척되지 않는다면 채용한 사람을 어떻게 인사관리 해야 할지 고민과 부담이 된다. 자발적인 이직이 아니면 해고가 거의 불가능하기 때문이다.

새로운 사업기회를 모색하는 과정에서 새로운 직무가 생성되어 이전의 사업이 진척되지 않는다면 관련 직무는 소멸되어야 한다. 그런데 한국의 노동법에서는 직무 소멸에 대한 해고를 인정하고 있지 않기 때문에 직무는 소멸했는데 사람은 남게 된다. 특정 분야의 전문성을 기준으로 채용했는데, 직무가 없어지면 이 사람에게 다른 직무를 배치해 기회를 주어야 한다. 전문성과 유관한 직무가 있다면 그나마 사정이 나은데, 유관 직무가 전혀 없다면 재배치를 해야 한다. 적소적재 직무주의를 통해 전문가를 채용했는데, 다시 적재적소 속인주의 인사관리로 변화해야 하는 것이 우리 노동법의 현실이다.

이는 큰 문제다. 기업이 고위험이지만 성공한다면 고수익을 거둘 수 있고 크게 성장할 수 있음에도 이러한 한국의 노동법은 도전적인 사업의 시도를 방해한다. 이는 한국 경제와 근로자들 모두에게 좋지 않다. 새로운 사업기회를 많이 만들어야 이를 통해서 일자리도 만들어진다. 누구나 인정하듯이 기존 산업에서의 일자리는 점점 더 줄어들 수밖에 없다. 새로운 사업을 통해서만 일자리 창출이 가능하다. 기업이 고위험 사업에 도전하지 않고서는 새로운 사업을 키울 수가 없다.

기업으로 하여금 고용의 유연성을 남용하지 못하게 하는 것이 단기적으로 근로자들을 보호하는 측면이 분명히 있다. 그러나 지나친 고용 경직성은 결과적으로 노동자에게도 바람직하지 않다. 직무가 없어졌음에도 불구하고 해고를 당하지 않으니 일시적으로 고용이 안정되어 좋은 것처럼 보인다. 그러나 자신의 전문성과 무관한 직무를 수행해야 하고 결과적으로 좋은 성과를 내기 어렵게 된다. 결국, 그 조직의 저성과자로 전락할 위험에 빠지게 된다. 고용이 보장되니 급여는 받을 수 있겠으나 직장에서의 만족이나 보람, 성취감은 사라져 버리게 된다.

이제 노동법의 변화가 필요한 시점이다. 적재적소 속인주의 철학에 기반했던 노동법은 이제 적소적재 직무주의 철학에 맞게 바뀌어야 한다. 특히 직무와 관련된 고용의 유연성이 인정되는 방향으로 변화해야 한다. 직무관련성의 입증 책임은 당연히 회사가 지도록 한다면 무분별한 해고를 예방할 수 있을 것이다. 이렇게 하는 것이 장기적으로 노동시장에 활력을 줄 것이며 근로자들도 자신의 전문성을 강화해 고용가능성을 높이도록 만들 것이다.

3
낙하산 인사 대책으로 직무적합성 테스트 도입

정권이 교체될 때마다 낙하산 인사에 대한 비판이 쏟아진다. 역대 어느 정부도 예외 없이 공통으로 나타나는 현상이다. 원인은 한국 사회에 팽배한 적재적소 관념의 폐해라고밖에 할 수 없다. 인사권자들은 언제나 그 사람이 얼마나 유능한 인재인지 설명하려고 노력하는 것을 보면 나름대로는 좋은 사람을 찾으려고 노력했다고도 봐야 한다. 그러나 결과적으로는 객관적인 시각이라면 누가 봐도 해당 자리와 전혀 관련이 없어 보이는 인사가 자리를 차지한다. 어느 나라나 정치 권력이 변하면 중요한 자리의 교체는 필연적이지만, 우리의 경우는 자리의 교체가 문제가 아니라 직무관련성이 너무 없다는 것이다. 호머 헐버트 박사가 100년 전에 탄식했던 병폐가 여전히 이어지고 있다.

아무리 정부에서 적소적재 직무주의를 국정과제나 정책 방향으로 삼는다 해도 정작 현장에서 기관의 장이 해당 기관과는 전혀 관계없는 사람으로 채워지면 그 정책은 공염불이 되어버린다. 정작 기관장 본인은 낙하산으로 내려왔는데 어떻게 조직의 인사관리를 적소적재로 할 수 있을까.

우리 사회에서 낙하산 인사의 잘못된 관행에서 벗어나라면 선언적인 정치적 레토릭(rhetoric, 수사학)으로는 불가능하다. 정권이 바뀔 때마다 우리 정부는 이전 정부와 다를 것이라고 하는 말을 국민은 믿지 않을 것이다. 낙하산 인사를 근절하고 적소적재의 인사관리가 되려면 최소한 다음 두 가지는 제도화되어야 할 것이다.

첫째, 정치적으로 임명되는 중요한 자리들은 모두 상세한 직무기술서를 공개해야 한다. 10년 전쯤 인사혁신처에서 정부에서 낙하산 인사는 없다는 설명 자료를 배포하면서 전문가를 채용하지 않는다는 비판은 부적절하다고 주장한 적이 있다. 전문가가 아니어도 얼마든지 직무를 수행할 수 있다는 논리였다. 당연히 적소적재라고 해서 반드시 해당 분야의 '지식' 전문가일 필요는 없다. 그러나 리더십 역량이든, 전략적 판단 능력이든, 혹은 이해당사자와의 네트워크 역량이든, 직무에서 요구되는 역량은 반드시 필요하다. "우리는 두루두루 뭐든지 잘할 수 있는 사람으로 뽑았으니 문제 없다"라고 주장하는 것은 전형적으로 적재적소의 관점이며 이는 곧 낙하산 인사가 될 개연성이 높다.

모든 기관의 장에게 동일한 리더십 역량이 요구되는 것은 아니다. 기관마다 특성이 다르기 때문에 다른 역량이 필요하다. 직무기술서에는 직무의 내용, 역할과 책임, 직무수행에서 요구되는 자격조건 그리고 직무수행에 필요한 역량을 상세하게 공개해야 하는 이유가 여기에 있다. 이것이 낙하산 인사를 방지하는 첫 번째 조건이다.

두 번째, 정의된 직무기술서를 활용해 지원자들이 해당 직무에 대한 적합성이 있는지 판단해야 한다. 선발 과정에서 가장 첫 번째 단계에서 해야 할 일이 해당 자리에 지원한 지원자들이 해당 직무에 대한 적합성이 있는지 판단하는 것이고, 적합성이 낮은 후보는 아예 1단계에서 탈락시켜야 한다. 모든 지원자에게 이력서와 자기소개서 등 지원 서류를 제출토록 하고 지원서의 내용이 해당 직무에서 요구되는 자격조건이나 역량에 부합하는지 판단하는 것이다. 최근에는 IT 기술과 AI의 발달로 인해 적합성 알고리즘을 개발해 사람들의 주관적인 판단을 배제하고 프로그램으로만 직무적합성 여부를 판단할 수 있게 되었다. 이미 민간 기업에서 개발해 사용하고 있으므로 공공부문에서는 적절히 변형해 사용하면 큰 비용을 들이지 않고 사용 가능할 것이다.

물론 정부도 나름대로 투명하게 관리하려는 노력을 해왔고, 주요 자리에 대해서는 여러 단계의 검증 절차를 마련하고 있다. 하지만 결과적으로는 '내 사람 심기'처럼 보이는 낙하산 인사라고 하는 비판이 끊이질 않는다. 이것은 다시 사회적으로 소모적인 정쟁거리가 되어버린다. 저자들이 제시하는 직무적합성 테스트로 1차 스크린을 한다면 이러한 소모적인 논쟁에서 탈피할 수 있을 것이다. 이는 곧 적소적재 직무주의 인사관리를 실현하고자 하는 의지를 보여주는 것이기도 하다.

4
HR 트랜스포메이션을 위한 경영진과 인사부서의 역할

기업에서 인사부서의 역할은 여러 차례 변화해왔다. 최근에는 사업의 전략적 동반자(strategic business partner)로서의 역할이 강조되고 있다. 미시간대학의 교수이자 인사관리자들의 멘토인 데이비드 울리히(David Ulrich)가 쓴 『HR Champions』이나 『HR 전환(HR Transformation)』의 영향을 받기도 했고, 산업 구조의 변화와 고객 요구의 다변화에 대응해야 하는 기업의 과제가 반영된 것이다.[63] 『HR 전환』은 다국적 기업이라면 모두 고민하는 주제다. 기업마다 다르겠지만 전반적인 방향은 현업의 리더와 경영자가 사업을 원활하게 수행하기 위해서는 과거 인사부서가 갖고 있던 채용 등의 인사결정 권한을 현장에 위임하고 인사부서는 이를 지원하기 위한 제도와 문화의 설계에 집중해야 한다는 것이다.

'HR 전환'이 쉽지는 않으나 대체로 다국적 기업들은 상당한 수준으로 진행하는 반면 한국 기업들은 전환에 어려움을 겪고 있다. 문화와 관행, 관습 혹은 각 나라의 법 제도나 IT 기술의 발달 정도와 같은 여러 가지 상황적인 요인들이 영향을 미쳤겠지만, 그 가운데 가장 중요한 차이는 역시 적소적재 직무주의의 기반이 잘 갖추어져 있는가 하는 점이다. 직무주의 기반이 되어 있다면 현장의 관리자가 인사와 관련된 의사결정하기가 용이하다. 반면 직무주의 기반 없이 속인주의 하에서는 현장에 권한을 위임해도 결국 다시 제자리가 되어 인사와 관련된 결정이 인사부서에 집중되게 된다.

이제 산업 구조의 빠른 변화에 시의적절하게 대응하기 위해서는 중앙집권적 의사결정 방식으로는 한계가 있다. 모든 기업이 다 그렇다는

---

63 David Ulrich. 2009. *HR Transformation Building Human Resources From Outside In*. McGraw-Hill.

것은 아니나 글로벌한 시장 환경에 노출된 기업이라면 HR 전환은 필수다. 반드시 인사부서와 경영진 모두 직무주의로의 전환에 대한 의지와 역량을 갖추어야 한다.

특히 경영진의 직무주의 전환으로의 의지와 직무주의에 대한 이해는 매우 중요하다. 과거 풍부한 인적자원 환경 속에서는 많은 인재를 영입해서 적절한 경쟁을 시켜 옥석을 골라내면 되었다. 경영진에서는 인사부서에 힘을 실어주고 인사부서는 공개채용을 통해서 인재를 등용했다. 이 시기에는 Type II 오류(뽑지 말아야 할 사람을 뽑는 오류)를 줄이는 것이 중요했다. 여러 단계의 선발 과정을 거쳐서 소위 인성을 중요하게 보면서 뽑지 말아야 할 사람을 탈락시키는 방향으로 채용했다. 한 분야에서만 우수하거나 창의적이고 독특하거나 튀는 인재들은 이 과정에서 탈락하고 대체로 전반적인 인지능력이 뛰어난(공부 잘하는) 인재를 채용해왔다. 대기업의 경우 지원자는 풍부했다. 일단 뽑은 후에는 필요한 곳에 배치하면 되었다. 이것도 인사부서에서 대부분 의사결정을 했다. 전형적인 적재적소 속인주의로 자연스럽게 회사는 갑, 지원자는 을이라는 관계가 형성됐다.

이제 노동시장에서는 청년들의 구직이 더욱 어려워지고 실업률은 높지만, 동시에 회사에서는 원하는 인재를 찾기가 점점 어려워지고 있다. 즉, 노동시장에서의 미스매치(mismatch) 현상이 심해지고 있다. 이 역시 적재적소 속인주의 전통과 학교 교육 속에서 평균적인 인재만 양성해 온 결과이기도 하다. 기업이 사회적인 책임을 다하는 측면에서 채용의 규모를 늘려주는 것이 바람직하다. 그러나 이제는 가능한 소수 정예의 인재에 대해서 적소적재의 직무주의 채용을 해야 한다.

과거 Type II 오류를 피해야 하는 것과 달리 이제는 Type I 오류(뽑아야 할 사람을 뽑지 않는 오류)가 중요해졌다. 사업의 성패를 좌우하는 직무에 필요한 인재는 우리 회사만 원하는 것이 아니다. 다른 회사뿐 아니라 해외의 기업과도 인재 확보를 위해 경쟁해야 한다. 다국적 기업들은 우리가 그렇게 중시하는 인성을 그다지 중시하지 않는다. 그들은 직무에서의 전문성을 가장 중요하게 생각한다. 본질적으로 평균적인 인재보다는 특정 분야에서 뛰어난 인재를 선호하기 때문이다.

과거처럼 인사부서가 전권을 가지고 의사결정을 해서는 HR 전환이 불가능하다. 해당 직무에 적합한 인재인지 아닌지는 인사부서에서 알기 어렵다. 당연하게 현장의 관리자들이 인사 결정에 대한 의지와 역량이 필수적이다. 인재 확보와 육성은 경영진의 책임이라는 확고한 철학이 필요하다. 적재적소 속인주의에서는 인사 결정을 인사부서에 전담하기 때문에 관리자들은 조직관리에만 신경 쓰면 되었다. 적소적재 직무주의가 되면 인사에 대한 의사결정은 현장 관리자의 책임이 된다. 다국적 기업의 CEO들이 자신들의 업무의 50% 이상을 인재의 확보와 유지 그리고 육성에 할당하려 하는 이유다. 따라서 관리자와 경영진들은 인사관리에 대한 상당한 수준의 역량을 갖추는 것이 필요하다.

5
적소적재 직무주의와 노동조합운동

노동조합에서는 직무급을 강하게 반대하고 있다. 그런데 구체적으로 살펴보면 적소적재 직무주의 인사관리 전체를 반대하기보다는 직무중심 보상을 반대하고 있는 것으로 보인다. 그러다 보니 '직무'라는 단어에도 민감하게 대응한다. 정부에서는 공공부문 비정규직 전환 과정에서 '공공부문 표준임금체계'를 설계해 추진했고, 일부 기관에서 반영했다. 표준임금체계는 직무급으로 설계되었다. 이것이 어떻게 작동되는지에 대한 연구는 아직 없으나, 노동계에서는 저임금의 고착화, 임금 인상의 억제, 근로자 간 단결 저해 등의 이유로 반대하고 있다.

사회가 발전할수록 다양한 이해관계와 요구가 늘어나게 된다. 이러다 보니 어떤 정책이 모두를 만족시키는 것은 불가능해진다. 많은 경우 제도 자체의 옳고 그름의 문제라기보다 시대적인 상황을 반영하고 갈등과 불만을 최소화하고 다수가 동의하는 것이 중요해진다. 적재적소 속인주의 인사관리가 옳지 않다기보다는 과거에는 상황에 적합했는데 지금은 아니라고 보는 것이다.

역사적으로 보면 노동조합운동에서 '직무'는 중요한 화두였다. 예나 지금이나 노동조합은 사용자의 자의적인 판단에 따른 근로자들의 불이익을 경계한다. 그래서 나온 것이 직무통제의 권한을 오로지 사용자의 독점적 권한으로 갖는 것을 반대한 직무통제 노동운동(job control unionism)이다. 실리적인 관점에서 직무 간의 차이를 어느 정도 인정하고, 대신 직무에 대한 현장에서의 통제권으로 확보한 것이다. 직무통제권은 현재도 노사 간 갈등을 유발하고 있는 전환배치의 문제와 함께 직무의 상대적인 가치를 판단할 때 노동조합이 직무평가에 참여하는 것이 포함되어 있다. 이렇게 함으로써 현장과 괴리가 있는 사용자의 독단적인 판단을 저지하는 것이다.

차별금지에 대한 노동조합의 노력 역시 사용자의 편견이 독단적인 선호에 의한 여성이나 장애인 혹은 종교 등에 의한 차별적인 인사 결정을 막기 위한 시도이다. 선진국에서 오래전부터 사회운동과 함께 노동조합의 노력으로 나타난 것이 각종 차별금지법이다. 한국도 예외가 아니어서 남녀차별금지법이 도입되었다. 이 책에서 여러 차례 언급한 것처럼 차별을 막기 위한 전 세계적인 공통적인 개념이 동일가치노동 동일임금이고, 우리의 남녀차별금지법에도 이것이 명문화되어 있다. 동일가치노동 동일임금은 적소적재 직무주의 임금, 즉 직무급의 다른 이름이다.

모든 사람이 다 같이 잘살기를 바라는 것은 인류의 오래된 꿈이다. 그리고 이를 실현하려는 방법이 평등과 공정이다. 평등과 공정은 대체재라기보다 보완재이다. 평등도 중요하고 공정도 중요하다. 이 책에서 다루고 있는 것은 '공정'이다. 공정이 훼손되었을 때 사회는 불안정해진다.

보수 정권에 대해 공정 이슈를 비판한 것이 촛불시위이며, 진보정권에 대해 공정 이슈를 비판한 것이 조국 사태다. 공정은 우리 사회의 구성원이 중요하게 여기는 가치이며, 보수와 진보의 이념과 무관하게 정책적으로 중요하게 다루어야만 하는 가치다. 우리 사회가 안고 있는 노동의 문제를 해결하는 것이 노동조합운동의 목표라면 평등과 함께 공정이라는 내용도 중요하게 들여다봐야 한다. 노동조합이 지향하는 공정은 무엇인가? 이 책의 저자들은 적소적재의 직무주의가 이와 다르지 않다고 생각한다.

6
나이 상관없이 일할 수 있는 사회를 위해

한국에는 유독 재야의 고수가 많다. 이들은 학벌이나 출신과 관계없이 자신의 분야에서 최고의 기량을 발휘하는 이들이다. 종종 성격이 괴팍하고 독특해서 일반적으로 다른 사람들과 잘 어울리지 못하는 경우가 많다. 한국 회사에 입사하기 쉽지 않고, 입사했더라도 조직 생활에 잘 적응하지 못했을 가능성이 크다. 적재적소의 속인주의 문화와 전통 속에서 조금이라도 튀면 '모난 돌이 정 맞듯' 문제아로 낙인 찍힐 가능성이 컸을 것이다.

'고졸 신화'라는 말이 언론에 나오는 것도 따지고 보면 한국 기업에서 고등학교까지만 졸업한 사람이 성공하기 얼마나 어려운지 상징적으로 보여주는 것이다. 우리는 창의와 혁신을 강조한다. 창의와 혁신은 학벌이나 출신에서 나오지 않는다. 때로 다국적 기업들이 성소수자의 채용을 환영하고 나아가 추구하는 것은 이들이 갖는 창의와 혁신적인 마인드 때문이다. 이제 속인주의에 적합한 평균 인재들로만 채워진 조직과 사회의 미래는 밝을 수 없다. 나이, 학력, 남녀, 장애 여부 심지어 출신국가 여부와도 관계없이 최고의 기량을 발휘할 수 있는 사람들이 성공하는 사회가 되어야 한다. 이것이 적소적재 사회다.

이러한 사회에서는 정년의 의미가 없어진다. 한국만큼 정년이 중요하고 정년을 고집하는 나라가 많지 않다. 심지어 미국과 영국 등 많은 나라에서는 기업에서 정년을 정하는 것을 아예 법으로 금지하고 있다. 한국에서는 50대 중반만 되면 퇴직 걱정을 해야 한다. 법으로 60세 정년을 정한 것이 그나마 우리 사회가 한 노력이다. 100세 고령화 사회에서 전혀 어울리지 않고, 이른 시일 내로 폐지해야 하는 적재적소 속인주의 인사관리 관행이다.

나이 때문에 대접받고 나이 때문에 손해 보는 사회. 우리는 여전히 나이가 벼슬이기도 하고 나이가 족쇄이기도 한 사회에 살고 있다. 이익이든 불이익이든 이제는 나이가 인사관리의 변수가 되어서는 안 된다. 전문성이 있고, 일하고자 하는 의지가 있고, 건강이 뒷받침된다면 일흔이나 여든이 아니라 100세에도 자신의 분야에서 일할 수 있어야 한다. 비제도권 재야의 고수가 아니라 당당하게 전문가로 말이다.